DEN PSYKEDELISKA VÄGVISAREN

En nordisk shamans
handbok i att arbeta
med enteogener.

av Daniel Wilby

DEN PSYKEDELISKA VÄGVISAREN

av Daniel Wilby

Framsidesillustration: Gjermund 'Obban' Aaberg
Illustration kontaktsida: Eloy Mendoza
Formgivning: Daniel Wilby

Första upplagan.
ISBN: 978-91-989180-1-4

www.psychedelicwayfinder.se
www.healandgrow.se

Från djupet av mitt hjärta vill jag tacka alla
som burit medicinen före mig
så att den kunnat finna sin väg tillbaka till mig igen.
Med vördnad och tacksamhet lämnar jag den vidare
till er som går bredvid och kommer efter mig.

Innehållsförteckning

RESAN

INTEGRATION

ARBETA MED ENTEOGENER

FÖRORD

Min berättelse om att läka alkoholism

Den 18 november 2005 delades mitt liv upp i ett före och ett efter.

Jag var 31 år gammal då och i ett bedrövligt skick. Alkoholist sedan sena tonåren, ovetandes djupt deprimerad efter en kulturkrock som hade tillintetgjort min självkänsla, långtidsarbetslös och så bodde jag på min mormors vind. Det var inte mycket som stod rätt till i livet där jag drev runt i ett töcken. Jag ville överhuvudtaget inte finnas. Jag hatade livet, mig själv och anklagade allt och alla andra för situationen som jag befann mig i.

Min huvuddrog var alltid spriten. Jag var den som köpte 5-litersdunkar med hembränt eller industrisprit. Andra droger intresserade mig inte nämnvärt även om jag ibland tackat ja till sådant som kom min väg på fyllan. Sensommaren 2005 började jag röka cannabis också men på ungefär samma sätt som jag drack alkohol; för att bedöva mig själv, slippa ta ansvar och slippa leva.

•••

– Min kompis har köpt alldeles för mycket LSD, sa min langare en dag. Skulle du vilja köpa lite?
Utan att ha den blekaste aning om vad LSD var svarade jag:
– Det är klart. Vad kostar det?

Där jag befann mig just då hade jag tackat ja till vad som helst som inte inbegrep nålar. Jag ville fly verkligheten och mig själv. Men som sagt, jag visste verkligen inte vad LSD var. Jag trodde att det skulle vara en kemisk fylla och bara diffust i bakhuvudet skvalpade någonting om hippies, gurus och summer of love omkring.

Redan samma helg bestämde mina kompisar och jag oss för att åka ut till ett lantligt hus och festa. Med oss hade vi mängder av öl, en del sprit men också en liten karta med papperslappar inslagna i folie. I något av en teatralisk lek ställde mina kompisar sig på knä och jag agerade LSD-utdelande guru à la 60-tal. När de på knä fått varsin lapp tog jag själv min.

På den tiden saknade jag andliga begrepp. Det var inte bara att jag inte trodde på något utan jag var fientligt avståndstagande till sådant som jag inte förstod. Därför kände jag exempelvis inte till ett begrepp som chakra men det spelade ingen roll för vad som hände sen. Ungefär två timmar efter att vi tagit LSDn öppnades mitt halschakra på vid gavel och från basen av min nacke sköt en energistråle rakt upp, ut i universum och kopplade in mig i alltet.

Jag insåg att jag kunde röra mig uppför energistrålen så jag gjorde det. Bara ett par meter. När jag såg mig själv utifrån såg jag att all smärta, all sorg, alla misslyckanden som jag bar omkring på och projicerade, var mina egna skapelser. Insikten landade i mig att jag skapar mitt eget liv. Och precis som jag skapar dimma, smärta och ilska så kan jag välja att skapa klarhet, befrielse och harmoni.

I det ögonblicket valde jag en annan väg. Det krävdes ingen ansträngning utan det var som att tända en lampa. Jag valde att återta kontrollen över mitt liv, ta ansvar för mina val och att börja skingra smärtan och töcknet. Jag valde att tillfriskna.

Min upplevelse av att vara inkopplad i alltet och lämna min kropp varade ungefär 20 minuter. Sedan började ett nytt kapitel i mitt liv och jag har inte druckit alkohol sedan dess. Jag hade förväntat mig en kemisk fylla. Istället vaknade jag.

Jag är inte unik

Jag trodde länge att min upplevelse var något helt unikt.

Suget efter att bedöva mig med alkohol var borta och tomrummet hade fyllts av en vilja att leva och ta ansvar för mitt liv. Utifrån det jag dittills lärt mig så var det helt obegripligt; ett sant mirakel.

Men ju mer jag läste på, ju mer insåg jag att jag ingalunda var unik. LSD hade innan det kriminaliserades med stor framgång använts just för att bryta alkoholism och andra missbruk. En av AA-grundarna, Bill Wilson, närde till och med långtgående planer att integrera LSD i organisationens arbete. När jag sökte fann jag många snarlika berättelser om mirakulöst tillfrisknande från allvarliga tillstånd av allehanda slag. Särskilt anmärkningsvärd framgång verkade enteogener ha vid tillstånd som den konventionella vården knappt ens rår på såsom långvarig missbruksproblematik, djupa depressiva tillstånd och svårläkt trauma.

Jag var bara en bland många.

Det var ett mirakel som hände mig men mirakel är långt ifrån så sällsynta som vi må tro. Bland människor som vänder sig till enteogener i sin strävan att läka verkar de tvärtom vara ganska vanliga.

Ett shamanskt perspektiv

Sedan kvällen då jag vaknade ur mitt töcken har jag hängett mig åt resan att läka och växa. Jag har använt många metoder och verktyg på vägen men enteogenerna formade jag en symbios med. Det visade sig att jag är en naturbegåvning i att navigera icke-ordinära sinnestillstånd, utvinna visdomen och se hur den kan omsättas i handling.

I kontakt med Moder Jord, den heliga svampen, andevärlden och tidigare liv mindes jag med tiden shamanen inom mig; den som jag redan levt som i många skepnader förut. Den som redan visste.

Shamanismen är den äldsta kontexten som enteogener använts i och det är där jag hör hemma. Jag är shaman i den heliga svampens tjänst. Därför anlägger jag i boken ett shamanskt perspektiv. Skulle jag använda mer västerländskt klingande titlar så skulle jag säga att jag rör mig inom överlappande roller som mystiker, (natur)terapeut, coach och lärare i personlig och andlig utveckling.

Jag använder ordet shamanism som ett samlingsbegrepp som inbegriper traditioner från världens alla hörn och där några återkommande drag är upplevelsen av att naturen är medveten och kan kommunicera, att det finns en andevärld och att man arbetar i icke-ordinära sinnestillstånd. Men ska jag skala av ytterligare ett lager så skulle jag säga att det är andlighet baserat på egen upplevelse, i kontrast till att förlita sig på andras berättelser och tolkningar. Det innebär att allt som jag beskriver i boken är rotat i min egen upplevelse. Även om jag föreställer mig att mycket är generaliserbart till att gälla de flesta av oss så är ingalunda allt det. Förvänta dig inte att allt som jag skriver ska vara relevant eller sant för dig, utan ta ansvar för att skapa tillvägagångssätt som fungerar för dig.

Om du vill veta mer om mitt sätt att arbeta med enteogener hittar du kontaktuppgifter på bokens sista sida. Jag erbjuder också vägledning, föreläsningar och ceremonier.

Andra perspektiv

Det finns idag flera delvis konkurrerande perspektiv på enteogener där två av de vanligaste är det medicinska och det vetenskapliga. Fastän min kunskap i många fall uppenbarligen överlappar dessa så gör jag inga anspråk på att tala utifrån dem.

Jag har ingen medicinsk utbildning och ber därför att du inte läser in medicinska råd i det jag skriver. Om du har behov av det så bör du konsultera läkare eller annan medicinskt kunnig innan du använder enteogener.

Jag har inte heller forskat vetenskapligt på enteogener utan det jag skriver baseras på egna och andras erfarenheter. Även om det finns forskning som stödjer mycket av det jag presenterar så gör jag inga anspråk på att vara vetenskapligt förankrad. Mycket i boken ligger därtill bortom vetenskapens domäner.

Personligen tycker jag att fältet vore hjälpt av om samtliga perspektiv fick plats eftersom korsbefruktning skulle främja dem alla. Den vetenskapliga metoden är i mitt tycke ett av människans mest fantastiska påfund men jag behöver också vara uppriktig och säga att jag ofta inte är särskilt imponerad över dess utövares visdom och deras inställning till andra perspektiv än sina egna. Bristen på visdom vore lättare att förlika sig med om det inte samtidigt vore så att en del av de vetenskapligt orienterade psykedeliska nykomlingarna verkar försöka stjäla och skaffa sig ensamrätt till det som tillhör oss alla.

I lagens mening

Det finns i skrivande stund ett fåtal enteogener som fortfarande är lagliga under nuvarande svensk narkotikalagstiftning men alla enteogener är lagliga i något sammanhang någonstans.

Jag känner mig uppriktigt förtvivlad inför en lagstiftning som aktivt hindrar människor att läka, växa och utöva sin andlighet så som den utövats sedan människans allra tidigaste dagar. Med det som jag har upplevt och sett, med den djupt transformativa läkning som jag bevittnat hos mig själv och andra, så kan jag utifrån mitt samvete inte respektera den lagstiftningen. Men det är mitt ställningstagande.

Jag uppmanar inte till lagbrott utan tycker snarare att du själv behöver ta ställning till vad du anser om saken. Det jag gör är att presentera verktyg och fakta för ett säkert användande. Vad du gör med den informationen är din sak att ta ansvar för.

Varför har jag skrivit boken?

Detta är en handbok i hur man på ett medvetet och säkert sätt närmar sig enteogener och icke-ordinära sinnestillstånd i syfte att läka och växa. Med ett snabbt ökande intresse för enteogener så upplever jag ett tilltagande behov av bra och trovärdigt material på ämnet. Jag ser det som särskilt angeläget att ge ett shamanskt perspektiv i en tid då människan mer än någonsin behöver återuppväcka kärleken till och respekten för Moder Jord, de som lever i hennes famn och sig själv.

Perspektivet är shamanskt men det mesta av innehållet är samtidigt allmängiltigt. Ha dock i åtanke att olika shamaner och terapeuter har olika tillvägagångssätt. Här presenterar jag i korthet mitt tillvägagångssätt i syfte att inspirera dig att finna ditt. Mitt sätt är inte det rätta utan bara just så som jag gör och det kan dessutom vara väsentligt annorlunda i stunden. Mina egna läromästare i detta har huvudsakligen varit den heliga svampen, Moder Jord, andevärlden, samt egna och andras upplevelser.

Med en uppriktig önskan om lycka och framgång på dina resor ger jag dig ***Den Psykedeliska Vägvisaren***.

Daniel Wilby, våren 2024

INTRODUKTION TILL ENTEOGENER

Vad är enteogener?

Enteogener är inte droger.
Gudarna har gett er dem.
De är nycklar för att ni ska kunna tala med det gudomliga.
Ur en kanalisering med Liv.

Enteogener är psykoaktiva växter, svampar och substanser som bland annat gör det möjligt att få kontakt med det högre och det inre, vår potential och våra visioner men också med vår smärta och sorg. Därför är de ypperliga verktyg för att läka mentalt, känslomässigt och själsligt men också för att se lösningar och vägar framåt i livet. De är också verktyg för att öppna dörrar till andevärlden. På alla dessa sätt och många fler därtill har de använts av shamaner, häxor och medicinkunniga i tusentals år. Jag vill dock hävda att vårt samarbete sträcker sig ända tillbaka till människans ursprung där våra förfäders möten med enteogener var en avgörande orsak till att den moderna människan blev till.

Några av de vanligaste från växt- och svampriket är svampar som innehåller psilocybin, San Pedro, peyote, cannabis och ayahuasca medan den mest välkända kemiska enteogenen förmodligen är LSD.

Hjälparen bakom

Det är relevant, åtminstone från ett shamanskt perspektiv, att göra skillnad på naturliga enteogener och enteogena substanser.

En naturlig enteogen återfinns i naturen. Den har en själ, ett medvetande och en personlighet. När vi arbetar med en naturlig enteogen har vi med andra ord att göra med en intelligens. Detta menas inte metaforiskt utan bokstavligt. När vi arbetar med en naturlig enteogen skapar vi en relation med en intelligens utanför oss själva.

En enteogen substans däremot är en molekyl. Det är något som en människa har skapat. I den finns ingen intelligens som är separat från oss själva. När vi syntetiserar ett ämne så är det just bara ett ämne; en substans utan intelligens. När vi arbetar med en substans behöver vi förlita oss på våra egna förmågor.

Orden jag använder

Bland de som arbetar med dem från ett shamanskt perspektiv kallas dessa växter och svampar gärna vördnadsfullt för lärare, mästare, moder eller fader. Detta för att betona den respekt man har för det inneboende medvetandet i växten eller svampen och vilken roll de har för en. Ett annat sätt är att försöka beskriva deras funktion. Då kallas de exempelvis medicin eller visionära.

I boken har jag huvudsakligen valt att kalla dem enteogener. Ordet myntades 1979 av etnobotanister och bygger på grekiskans *entheos* (uppfylld av gud, inspirerad) och *genesthai* (blivit till, skapats). Det vill säga något som lockar fram det gudomliga inom oss och inspirerar oss, särskilt i andlig bemärkelse. Ordets huvudsakliga fördel är att det betonar den andliga aspekten vilket är en koppling som jag tycker är viktig att framhålla. Som Liv sa så är enteogener inte droger utan nycklar för att vi ska kunna kommunicera med det gudomliga.

Ett annat ord som jag tycker fångar mycket av essensen är psykedelier vilket betyder ”själs- eller sinnesavslöjande”. Det bygger på det grekiska *psyke* (själ, sinne) och *delein* (att manifestera) och myntades 1957 av den brittiske psykiatern Humphry Osmond. Vid den tiden diskuterade han och Aldous Huxley vad man ska kalla dessa växter, svampar och substanser. De båda utväxlade rim på namnförslag när Osmond skrev ”To fathom Hell or soar angelic, just take a pinch of psychedelic.”. Och med det var ordet fött. Psykedelier är ett lämpligt ord eftersom de sätter oss i kontakt med vårt inre och avslöjar vad som rör sig i vårt sinne och vår själ. Ordet används sparsamt i boken eftersom jag främst använder ordet enteogener.

Gällande upplevelsen på enteogener så använder jag i boken flera ord. Ofta kallar jag det för en resa men vid andra tillfällen känns det lämpligare med ord som session eller upplevelse.

När människan mötte svampen

Låt mig berätta för dig om hur människan och svampen fann varandra och om hur läromästaren både varit till gagn för och motarbetats av människan. Eftersom mycket hände för så väldigt länge sedan så kan det mesta av berättelsen inte ledas i bevis men jag vill ändå hävda att den är sann. Detta är så jag fått det berättat för mig av svampen, trädet Ask, andevärlden och min magkänsla inför den insiktsfulle etnobotanisten Terence McKennas slutsatser[1].

Människan väcks

För länge sedan, när människan ännu inte riktigt var människa, sökte hon sig till nya marker. Horisonten flyttades i fjärran och såväl djur som växter var annorlunda där. Det var där hon först träffade svampen som skulle komma att bli hennes följeslagare och läromästare.

Vid små doser förstärktes hennes sinnen så att hon blev bättre på att uppfatta djurs och växters förehavanden. Svampen presenterade den blivande människan för sina sammanhang och den blivande människan började förnimma en meningsfullhet och utveckling i tillvaron. Tillsammans med sin flock utforskade hon de nya ljud som började söka sig ur hennes mun och känslospelet som fördjupades och blev alltmer komplext.

Men det var vid högre doser som de mest omvälvande genombrotten skedde. Svampen hjälpte hjärnan att utvecklas genom att skapa nya kopplingar och med precision göra förändringar som skulle leda till en helt ny art. Hjärnan växte sig fysiskt mycket större och började få en klarare uppfattning om koncept som tidigare bara varit vaga eller inte alls funnits. Känslan av tid som flyter förbi delades upp i ett tydligare nu, då och sen, vilket inte bara öppnade upp för möjligheten att planera framåt och lättare dra lärdomar av det som varit, utan också födde en finurlighet i att kunna tänka i kedjor av konsekvenser.

Med fördjupade upplevelser av sig själv och sitt sammanhang, men också av något betydligt större, väcktes en andlig upplevelse. Men den andliga upplevelsen var inte något abstrakt utan var starkt rotat i flockens samhörighet och dess relation till läromästaren svampen. De förunderliga resorna var något som flocken företog sig tillsammans och ur extasen föddes de första ceremonierna. Några visade sig vara särskilt skickliga på att navigera och tolka upplevelsen, både för sig själva och för andra, och de blev de första shamanerna.

Den första shamanen var en kvinna och hon närde sin flock. Vid den här tiden fanns ingen bestämd könsmaktsordning. Makten fördelades och såg olika ut i olika flockar, beroende på flockens medlemmar och deras dynamik, men framförallt samarbetade man och tog hand om varandra. Samma inställning hade man till naturen omkring sig. Samarbetet sträckte sig över artgränserna till att omfatta växter, svampar, djur och även elementen. Människan mötte många nya läromästare och en del samarbeten utvecklades med tiden till vänskaper och kärleksberättelser, såsom den mellan människan och vargen.

Separationen från naturen

Väldigt mycket senare, men från vår tid sett fortfarande väldigt länge sedan, skedde ett allvarligt brott i relationen mellan människan och Moder Jord. Förändringen värktes fram ur människans övertro till sin egen förträfflighet. Nu skulle allt underställas Honom. Marken, djuren och även sin syster gjorde Han till sina ägodelar. Samarbetet upphörde och ersattes av dominans och förtryck. Bit för bit tämjdes naturen, stängslades in och tvingades bli det som Han ville att det skulle vara.

För att kunna göra detta behövde Han även äga sanningen så Han beslöt att den erkända andliga kontakten bara skulle tillhöra några få. Där sprang systemet fram att låta mellanhänder uttolka det gudomligas vilja vilket snabbt korrumperade budskapet till att vara det som gynnade Honom. För att undvika att läromästare såsom svampen skulle underminera Honom så förflyttades kunskapen om svampen till mellanhänderna och sakramenten som delades med massan började urlakas.

Enteogener och religion

Med tiden institutionaliserades makten över kontakten med det gudomliga och rätten att avgöra sanningen. Där det tidigare fanns gemensamma och delade upplevelser av det gudomliga, inom och utom oss själva, inrättades nu religion vars huvudsakliga syfte var att upprätthålla Hans makt över andra.

Kontakten med svampen och andra enteogener levde i begränsad omfattning kvar inom vissa kulturer och sammanhang, men ju mäktigare religionerna växte sig, ju viktigare blev det för dem att släcka de avvikande rösterna. Förföljelsen tilltog och riktade sig mot alla som hade en relation till Moder Jord och en kontakt med det gudomliga som inte inlemmats i religionens ramverk. Blod spilldes och kött brändes för att underställa alla Hans sanning och när Hans hantlangare mötte nya kulturer jagades de som inte underordnade sig.

Det fanns fickor här och var i världen; platser dit Han inte nådde. Kulturer där den gudomliga kontakten spirade inom var och en, där upplevelsen delades och vars shamaner lyckades förbli osedda. De var dock få och på många håll utrotades de som kände svampen till sista gamling, kvinna och barn. Så farlig är den egenupplevda andligheten för religionen och för Honom.

Väst återupptäcker enteogener

Det var först under första halvan av 1900-talet som väst på allvar återupptäckte enteogenerna när etnobotanister i USA intresserade sig för peyote och svamp. I Europa skapades LSD och inledningsvis var det forskare och intellektuella som intresserade sig för enteogenernas potential.

Under 1960-talet blev enteogener alltmer populära, först i vetenskapliga, intellektuella och nyandliga kretsar, vilket sedan blommade ut i hippiekulturen. Här hamnade de åter på kollisionskurs med Honom. När de som drogs till växtlärarna upptäckte sin egen sanning, vägrade underordna sig maktstrukturen och utkämpa Hans krig, förbjöd Han enteogenerna och utropade krig mot drogerna. Ägandeskapet använde sina mellanhänder, kyrkan och statsmakten, för att gå till krig mot den egna upplevelsen, Moder Jord och läromästarna som bor inom henne.

Han bestämde sig för att kriminalisera naturen. Det finns sedan Hans krig började vissa växter och svampar som Han gjort det olagligt för människor att interagera med. De är inte olagliga för att en omtänksam statsmakt vill skydda människors hälsa utan för att enteogenerna utmanar Hans sanning och dominans.

Enteogener idag

Det har gått mer än ett halvt sekel sedan kriget utropades och det råder en tilltagande dissonans inom samhället. Kriget pågår fortfarande men på sina platser råder en bräcklig vapenvila. Vetenskaplig forskning bedrivs åter, men shamanerna, de ursprungliga bärarna av medicinen, förföljs ännu. Istället för att tillåta människors egna möten med medicinen så försöker Han medikalisera läromästarna och finna nya mellanhänder för makten i läkare, psykiatriker och psykologer. En reform verkar oundviklig men det råder en dragkamp mellan de som hävdar sin egen rätt att själva kommunicera med Moder Jords läromästare och därmed ha och dela sin egen upplevelse, och de som vill underställa enteogenerna Hans kontroll.

Under tiden växer en i huvudsak shamansk rörelse fram underifrån. Bakom stängda dörrar och ute i naturen hålls ceremonier med bland andra svampen, LSD, ayahuasca och San Pedro för att bistå människors läkande, växande och egen kontakt med det gudomliga. Människorna gör det själva och tillsammans, och Moder Jords läromästare lär upp nya shamaner för att leda människorna tillbaka till sig själva och den egna upplevelsen. Tillbaka till samklang med Henne, bortom Hans hybris.

Det vilda och det tämjda

Mycket av människans historia efter Hans övertagande har handlat om att försöka tämja sig själv och sin omgivning, vilket lett till en ständig konflikt med det vilda och naturligt fria. Samtalen om enteogener kretsar idag mycket kring struktur. Vi vill ha protokoll, exakta doseringar och guider med certifikat. Vi vill begränsa tillgången till ett fåtal och rama in det hela med skräddarsydda spellistor, ritualer och godkända tillvägagångssätt. Ständigt försöker vi påtvinga ordning även på upplevelser som är vilda och ibland även kaotiska till sin natur.

Och det gör sig även den här boken skyldig till för här försöker jag bringa struktur till det jag lärt mig om att arbeta med enteogener. Samtidigt vill jag vara tydlig med att mycket av min kunskap på området inte är resultatet av ett tämjt och strukturerat tillvägagångssätt. Det har snarare varit när jag släppt mina föreställningar och hängett mig åt det som naturligt bubblat fram som jag gjort verkligt stora framsteg.

Balans uppnås inte genom att utplåna den ena eller andra sidan utan genom att välkomna båda och vara medveten om när det ena eller andra behöver få ta mer plats. Exempelvis kan det finnas ett större behov av struktur när man planerar att resa i en större grupp, om en deltagare är skör eller när ledarna inte är mästare. I andra änden av spektrat kan den som är trygg, stabil och genuint kunnig släppa taget desto mer. Var vi är bekväma med att röra oss handlar också till stor del om personlighet där vissa är fyrkantigare och andra mer frisläppta.

Jag säger inte nödvändigtvis att det ena är bättre än det andra men jag lägger märke till en stark snedvridning och partiskhet åt struktur i dagens samtal kring enteogener. Om vi inte fullkomligt vill kantra så behöver vi reflektera över den obalans och de slitningar som detta skapar och vad vi då försakar eller omöjliggör. Vi behöver bjuda in båda sidor för att återställa balansen.

Några vanliga enteogener

Den heliga svampen

När jag skriver svamp menar jag sådan som innehåller psilocybin och psilocin, främst den svenska toppslätskivlingen *Psilocybe semilanceata* och varianter av *Psilocybe cubensis*. Jag menar inte flugsvamp (*Amanita muscaria*).

Jag säger ibland 'den heliga svampen' för att betona att den är en vägvisare till det gudomliga, bör respekteras som en andlig lärare och i mitt sammanhang är att betrakta som ett sakrament. I popkulturella sammanhang kallas svampen ofta magic mushrooms eller psykedelisk svamp, medan jag hört shamaner från Sydamerika kalla dem för 'barnen'. Jag föreställer mig att det är för att de kan vara busiga små rackare.

Det bör också sägas att jag i första hand menar frukten; det vi till vardags kallar svamp. Men svampen är inte bara dess frukt utan framförallt mycelet som bildar enorma nätverk under jord.

Svampens karaktär

Svampen är en välvillig mästare, lärare och vän. Den har funnits på jorden länge men kommer förmodligen ursprungligen inte härifrån.

Svampen är mångsidig, mångkunnig och har humor. Den har en mycket stark kontakt med Moder Jord. Dess nätverk av mycel kopplar samman och agerar budbärare i naturen så den känner allt och alla. Det gör den till ett ypperligt val när vi vill arbeta andligt med naturen.

Men svampen kommer såvitt jag upplever inte ursprungligen från jorden och har därför också en annan sida till sig. Den är utomjordisk och bibehåller kontakten med universum och utomjordisk intelligens. Därför kan svampen kännas både familjär och främmande. Den är familjär eftersom den funnits här så länge och blivit en väsentlig del av vår existens men samtidigt främmande eftersom den i själva verket inte härstammar härifrån. Den kan koppla samman oss med såväl entiteter som upplevelser som är utom denna värld.

Odlad svamp kan kännas något domesticerad jämfört med den vilda. Det finns en annan kraft i den vilda vilket jag tror beror på att den kommer från ett ekosystem där den kontinuerligt kommunicerar och samarbetar med allt omkring sig. Jämför den rikedomen med att växa för sig själv i en plastlåda. Befinner man sig i ett område där det finns svamp så är den att föredra eftersom den har en nära relation till naturen där.

All svamp av samma art är inte samma. De är snarare att betrakta som individer, familjer eller grupper. De bär minnen och förmågor från sin omgivning vilket innebär att samma art från två olika platser kan vara ganska olika. De kan exempelvis vara särskilt lämpade för att arbeta med döden, tidigare liv, med kroppen eller tankarna.

Jag upplever att svampen är exceptionellt bra för:

- andligt arbete generellt
- kontakt med andevärlden
- kontakt med tidigare liv
- naturkontakt
- kunskap om och uppskattning av naturen
- visionärt arbete
- att bearbeta trauma, depression, utmattning, missbruk och rädsla för döden

Portal till andra verkligheter

Svampen öppnar dörrar till andra verkligheter och kan likt en babelfisk ur Liftarens Guide till Galaxen hjälpa oss att förstå och kommunicera med andra intelligenser. Den är därför exceptionellt bra i shamanskt arbete där vi exempelvis vill arbeta med andevärld, Moder Jord och kosmiska energier.

Har vi inte själva kunskapen att navigera sådana verkligheter kan det vara ett gott råd att ha med sig någon som kan det.

Dos

En del mäter svamp i gram medan andra räknar antalet svampar. När jag arbetade med cubensissvampar brukade jag väga i gram men när jag började arbeta med Toppslätskivlingen sa den till mig att 22 svampar utgör en dos. Frågan blir sedan hur många doser man vill ta för en resa. Översatt väger en dos torkad Toppslätskivling ungefär 0,4 till 0,7 gram.

Torkad svamp kan behållas i sin torkade form eller pulveriseras. Ju mer finfördelad svampen är, ju snabbare tas den upp av kroppen.

Enligt Erowid[2], en ideellt driven hemsida med erkänt god information om psykedeliska substanser, ligger tröskeldosen för *Psilocybe cubensis* på 0,25 gram och upp till 1 gram räknas som en låg dos. Normal dos är 1 till 2,5 gram, hög dos är upp till 5 gram och allt däröver är en mycket hög dos. Etnobotanisten Terence McKenna kallade doser på över 5 gram cubensis heroic dose vilket blivit något av en benchmark för många psykonauter.

Jag upplever de vilda Toppslätskivlingarna som betydligt starkare än odlad cubensis. Känslan är att en dos Toppslätskivlingar skulle motsvara ungefär ett gram odlad cubensis.

Intagande

Ät som de är. Tugga svampen till en lös gröt och svälj den sedan. Skölj munnen med vatten och svälj igen. Jag upplever att detta är det närmsta jag kommer svampen. Det kan smaka småäckligt och många har upplevelsen av att svampen blir äckligare för var gång de äter den. Ett sätt att mildra eftersmaken är att äta en sked honung efteråt.

Te. En kopp te med en bismak av svamp kan vara ett angenämare intagande.

Svamp

Chai eller annat smakrikt te

Färsk ingefära

Honung

- Kör svampen lätt i en mixer tillsammans med lite vatten.
- Lägg den mixade svampen, te, hackad ingefära och häll över en kopp vatten per deltagare.
- Koka upp, stäng av spisen och låt stå i minst 20 minuter.
- Häll upp en kopp per deltagare men lämna kvar ingredienserna.
- Häll på nytt kokande vatten och låt dra medan du dricker den första koppen.
- Sila igen och drick en andra kopp.

Min känsla är att den andra koppen är ungefär en fjärdedel så stark som den första.

Lemon tek. Ett annat sätt att dölja smaken är att göra det som kallas lemon tek. Många menar att metoden dessutom leder till ett snabbare påslag samt en mer intensiv men kortare resa.

Svamp
Citron eller lime

- Mixa svampen till ett fint pulver och häll pulvret i ett glas.
- Pressa saften ur citronen, häll saften över svampen och blanda samman.
- Låt blandningen dra i 20 minuter och rör emellanåt om.
- Drick blandningen i ett svep.

Två varianter:

- Sila blandningen genom ett kaffefilter eller liknande efter att den fått dra i 20 minuter. Det sägs kunna reducera illamående.
- Blanda med vatten eller te för att göra den färdiga blandningen mer lättdrucken.

Choklad. Ett annat sätt att förbättra smaken och samtidigt förlänga hållbarheten är att göra svampchoklad. Man har funnit sådan choklad från aztekerna som fortfarande är psykoaktiv.

Svamp
Mörk choklad
Pralinform

- Mixa eller mortla svampen till ett fint pulver.
- Smält chokladen i ett vattenbad och tillsätt svamppulvret. Här kan också läggas i andra ingredienser efter smak.
- Häll chokladblandningen i pralinformen och ställ in i kylen.

Därefter kan bitarna exempelvis förpackas i folie och förvaras i kylen.

Effekt

Precis som med andra enteogener är det inte ovanligt att de som arbetar med svampen känner av den redan innan den intas.

När man tuggar svampen kan det ta uppemot 45-60 minuter för att nå full effekt. Med te, lemon tek och choklad kan det gå på så lite som 15 till 20 minuter vilket beror på att det gjorts mer lättillgängligt för vår kropp att ta upp. Beroende på dos, sammanhang och personens känslighet brukar upplevelsen sedan vara i 6-10 timmar med en peak på cirka 2-4 timmar. Med svampen byggs energin upp med snurriga ilningar, förväntansfullhet och allt mer mättade färger som vid högre doser kan övergå i geometriska mönster. Men här kan också finns sådant som oro och spänningar. En lustig bieffekt är att svampen ibland framkallar gäspningar.

Svamp tas ofta i skymningen eller på natten och trivs i mörkret. Det är önskvärt med ordentlig sömn efteråt, ibland så mycket som 12 timmar. Aftergloweffekter är vanliga och kan hålla i sig länge.

LSD

LSD (lysergsyradietylamid), även kallad LSD-25 eller acid/syra, är en enteogen som först upptäcktes 1938 av kemisten Albert Hofmann när han studerade ergot (mjöldryga) i sökandet efter en medicin mot klusterhuvudvärk. När han fem år senare återvände till substansen fick han oavsiktligt i sig den och insåg att den hade en helt annan potential.

Inledningsvis var det vetenskapliga intresset för substansen stort och forskningen som gjordes exceptionellt lovande. En tidig hypotes var att LSD simulerade psykos eller allvarlig mental störning. Det visade sig dock snarare vara tvärtom. Med LSD läkte många från mentala åkommor, trauman, missbruk och liknande.

CIA fick tidigt upp ögonen för substansen och tänkte att den antingen skulle kunna användas som sanningsserum eller för att manipulera och kontrollera människor. Flera av deras experiment inbegrep att lura i folk LSD. Även militären visade initialt intresse för LSD. Några av effekterna var att en del som fick LSD la ifrån sig sina vapen, inte längre tog den militära hierarkin på allvar och blev pacifister.

Men det som slutligen provocerade fram en kriminalisering av en lång rad enteogener var hippiekulturen i USA med sina slagord Peace, Love and Understanding. Långt hår, krigsvägran, fritt sex och grym musik blev helt enkelt för mycket för de styrande politikerna som utan hänsyn till den lovande vetenskapen kriminaliserade LSD och mycket annat. Kriminaliseringen började i mitten av 1960-talet och var inom tio år världsomspännande.

LSD gick under jorden men fortsatte användas i terapeutiska, andliga och rekreationella sammanhang. När rave-kulturen dök upp på 1980-talet så var MDMA förvisso den mest framträdande substansen men även LSD var vida populärt. Ravekulturens slagord var påfallande lika hippierörelsens: Peace, Love, Unity, Respect.

Efter mer än ett halvt sekels urskiljningslöst krig mot allehanda droger har LSD och liknande substanser under 2000-talet åter börjat forskas på. Och även nu rapporteras anmärkningsvärt goda resultat i de studier som gjorts. Vid jämförande studier visar det sig dessutom att LSD har en bråkdel så många negativa bieffekter som exempelvis alkohol och nikotin och nästintill saknar missbrukspotential.

Substansens karaktär

Jag vill hävda att två saker som är karakteristiska för LSD är att den:

- inte har en intelligens kopplad till sig, och
- är särskilt lämpad för arbete på det mentala planet.

Saknar entitet. När vi arbetar med växter och svampar så finns det en intelligens på andra sidan som vi förhoppningsvis samarbetar med under vår resa. När vi isolerar ämnen och syntetiserar dem tappar vi den kontakten och lämnas istället till våra egna förmågor. Den som arbetar med LSD får inte vägledning av substansen utan behöver förlita sig på sin egen eller någon annans vägledning. Den förstärker det som redan finns.

Det ska dock sägas att bara för att LSD inte har en intelligens så innebär det inte att den helt saknar själ. Eftersom många haft ett möte med LSD så skapas det en särskild energi runt substansen. Den energin kan kallas för själ men skapas av vår gemensamma upplevelse och är inte kopplat till en yttre intelligens.

Arbetar på det mentala planet. LSD är ett ypperligt verktyg för att arbeta med mentala bekymmer såsom psykosomatiska sjukdomstillstånd, missbruk, depression, utmattning, rädsla för döden och andra mentala åkommor. Kort och gott sådant som har med detta livet och denna verkligheten att göra.

Vore LSD en människa tänker jag att den vore en exceptionellt insiktsfull västerländsk terapeut eller coach. Någon som kan vrida och vända på ens tankar så att mönster blottläggs och polletten trillar ner.

Nu är det naturligtvis fullt möjligt att ha helt andra slags upplevelser på LSD såsom andekontakter och förnimmelser av tidigare liv. I motsats till naturliga enteogener är det dock inte substansen som initierar dessa. LSD öppnar istället upp den egna förmågan vilket i sin tur medvetet eller omedvetet leder vidare till sådana kontakter. Här hänger det inte på enteogenen utan på den egna förmågan.

Form och dos

LSD är en så pass potent substans att dosen mäts i mikrogram. När Albert Hofmann först testade substansen på sig själv började han med 250 mikrogram vilket han föreställde sig skulle vara en knappt märkbar dos. Det visade sig vara en hög dos vilket gav honom en ordentlig resa. Enligt Erowid[3] ligger tröskeldosen för LSD runt 10-20 mikrogram. En låg dos är 20-75, en normal 50-150, en hög dos 150-400 medan allt över 400 mikrogram betraktas som en mycket hög dos.

LSD kan komma i ett flertal former. De två vanligaste är förmodligen som blotters (små papperslappar indränkta med LSD) eller i flytande form. LSD kan också vara i kristallform.

I bruksledet finner man huvudsakligen LSD i normaldoser, det vill säga att en lapp eller en droppe ligger mellan 100 och 150 mikrogram. Det är dock viktigt att fråga eftersom det finns betydligt starkare än så.

För att mikrodosera kan en droppe blandas ut med vatten som sedan portioneras.

Effekt

Människor som inte får känningar av blotta närvaron av substansen brukar börja känna effekterna efter ungefär en kvart och uppnår vanligtvis full effekt efter 45-60 minuter. Beroende på dos, sammanhang och personens känslighet brukar upplevelsen sedan vara i 8-12 timmar med en peak på cirka 4 timmar.

De initiala fysiska effekterna kan ibland vara lätt obehagliga såsom muskel- eller käkspänningar, ilningar och lätt illamående. Men de kan också vara behagliga såsom rysningar av förväntan, upprymdhet och fnissighet.

Det är önskvärt att få en ordentlig sömn efter att ha använt LSD, ibland så mycket som 12 timmar. Aftergloweffekter är vanliga och kan hålla i sig länge. Man kan också uppleva en lätt träningsvärk i hjärnan när nya kopplingar gjorts.

Andra vanliga enteogener

Det finns en mängd enteogener som alla har sina egna ursprung och användningsområden. Många av dem har en lång historia av att ha använts i ceremoniella och terapeutiska sammanhang medan andra är nykomlingar. Nedan följer korta beskrivningar av en handfull av de idag vanligast förekommande.

Ayahuasca

Ayahuasca är en brygd som vanligtvis består av lianen Banisteriopsis caapi, samt exempelvis chacruna (Psychotria viridis) som innehåller DMT (N,N-Dimetyltryptamin). Lianen innehåller MAO-hämmare som gör att DMT inte bryts ner i magen utan istället blir psykoaktivt. Brygden kommer ursprungligen från Sydamerika där den använts av shamaner i tusentals år och de menar att det är växterna själva som gett dem receptet.

Ordet ayahuasca kommer från Quechua-språket och betyder 'själens lian', men den kallas ofta också mormor eftersom den är kärleksfull samtidigt som den kan vara mycket bestämd.

En ayahuasca-ceremoni är mer platsbunden än ceremonier med exempelvis svamp, San Pedro eller LSD. Det är vanligt att deltagarna sitter på en egen matta och går in i sin egen upplevelse med meditation, medan shamanerna går runt och gör arbete med dem. Sång och musik är vanliga inslag i sådana ceremonier och de utförs gärna nattetid.

Upplevelsen varar ofta i 3-4 timmar med möjlighet att fylla på för att förlänga resan. Det är vanligt att ayahuascan först arbetar med den fysiska kroppen för att avlägsna energimässiga blockeringar och annat som sitter fast, vilket deltagaren sedan spyr upp. Först därefter inträder för många ett mer visuellt tillstånd där det är vanligt med sådant som färgrika geometriska former, visioner, kontakt med djur och andeväsen. Precis som andra enteogener så används ayahuasca framgångsrikt vid annars svårbehandlade tillstånd såsom trauma, missbruk och depression.

Ayahuasca-turism och en utbredd användning även i övriga världen har lett till att de vilda bestånden av lianen blivit alltmer hotade.

Peyote och San Pedro

Kaktusarna peyote (Lophophora williamsii) och San Pedro (Echinopsis pachanoi) används i liknande men olika kontexter. Anledningen till att jag nämner dem tillsammans är att de båda är kaktusar som innehåller ämnet meskalin. Naturligt återfinns peyote i norra Mexiko och sydvästra USA medan San Pedro hör hemma i Anderna. I skrivande stund är båda lagliga att odla i Sverige.

Arkeologiska fynd visar att peyote användes ceremoniellt redan för 5500 år sedan och i Anderna har användningen av San Pedro en åtminstone flertusenårig historia. Trots att den kristna förföljelsen av ursprungsbefolkningarna som stått kaktusen nära varit brutal så lyckades fickor av traditionen att överleva.

Medan ayahuasca beskrivs som en kärleksfull men bestämd mormor så beskrivs San Pedro gärna som en snäll och omhändertagande farfar. Den nordamerikanska ursprungsbefolkningen använder gärna peyote nattetid men jag har varit på San Pedro-ceremonier under dagtid. De har varit påfallande ljusa, glädjebubblande och hjärtöppnande upplevelser. På samma sätt som med andra enteogener så är de bra för att arbeta med en mängd olika tillstånd och för visionärt arbete.

San Pedro kan beredas färsk då den kokas ner till ett te eller så kan man använda pulveriserad San Pedro som rörs ner i vatten. Peyote kan användas på samma sätt men kan också ätas torkad som chips.

Liksom lianen i ayahuasca så hotas de vilda bestånden av peyote av överuttag. Överväg att odla själv eller köpa odlade varianter. Att odla själv är ett fint sätt att bidra med sin egen energi till sin ceremoni.

Cannabis

Få växter är så mångsidiga som cannabis. Redan 5000 år sedan finns det dokumenterad användning av den men den har förmodligen använts betydligt längre än så. Inom hinduismen anses cannabis vara en av jordens fem mest heliga växter[4] och är intimt förknippad med guden Shiva.

I Sverige är vi förmodligen mest bekanta med det rekreationella bruket av cannabis men på senare år har dess medicinska egenskaper uppmärksammats alltmer. Dess bruk som enteogen diskuteras däremot sällan fastän många har sådana upplevelser. För att locka fram den sidan av cannabis så är det inte ovanligt att använda en förhållandevis hög dos och kombinera det med en praktik, såsom meditation, dans eller beröring. Det cannabis ofta är exceptionellt bra på är att sätta oss i kontakt med vår egen inre visdom.

I motsats till de flesta andra enteogener dras dock cannabis med en hög missbruksrisk. När det missbrukas så är skaderiskerna på det stora hela betydligt lindrigare än alkohol eller nikotin men man bör vara medveten om riskerna.

Cannabis blandas ofta med andra substanser eftersom den kan förstärka dessa. Många använder det exempelvis innan enteogenerna nått full effekt för att ta sig förbi eventuellt obehag eller i resans senare skede för att förstärka effekten och åter nå peaktillstånd. Det är dock inte helt oproblematiskt då det ofta också kan göra resan mer förvirrande och svårnavigerad.

Det är vanligast att få tag på cannabis som torkat växtmaterial eller som hasch. I torkad form är det honblommans knoppar som är särskilt intressanta. Hasch är en sammanpressad och renad form av cannabis där de mest potenta delarna av knopparna extraheras och används. Den pressas till kakor som i regel inte luktar lika mycket som torkad cannabis. Det finns också oljor som kan vara processade för att lyfta fram specifika komponenter.

Cannabis röks ofta antingen för sig själv eller utblandad med tobak. Många som försöker sluta röka cannabis inser därför att de inte är beroende av cannabis men väl av nikotin. Att inhalera rök är skadligt för kroppen oavsett material. Ett skonsammare sätt att inhalera cannabis är därför med en vape. Då hettas cannabisen upp så att den frigör sina verksamma ämnen men utan att det sker en förbränning. Den som helt vill undvika att inhalera kan istället baka med cannabis eller använda en olja.

MDMA

MDMA (3,4-metylendioximetamfetamin) upptäcktes för första gången på 1910-talet men föll sedan i glömska. Substansen återupptäcktes 1965 av den psykedeliska pionjären Alexander Shulgin. Hans passion i livet var att hitta nya sinnesförändrande substanser som han och hans fru Ann Shulgin sedan provade på sig själva och tillsammans med vänner. 1967 provade de för första gången MDMA tillsammans med sina vänner varpå substansen nådde ut i terapeutiska kretsar där den snabbt blev alltmer populär.

Som terapeutiskt hjälpmedel rönte MDMA stora framgångar eftersom den förmådde öka empati och medkänsla, samt känslan av trygghet, vilket gjorde det lättare för en patient att exempelvis närma sig trauma. Samma egenskaper gjorde den samtidigt populär för rekreationellt bruk och den togs framförallt upp av ravekulturen, vars ledord Peace, Love, Unity, Respect på många sätt känns igen i MDMA-ruset.

1988 hann USAs krig mot droger ikapp även MDMA och trots att det då fanns 4000 terapeuter som arbetade med substansen så klassades den som att helt sakna medicinskt värde. Som i liknande fall gick den terapeutiska och rekreationella användningen då under jord.

Det tog fram till början av 2000-talet innan forskare åter fick tillgång till MDMA och sedan dess har forskningen kunnat visa fantastiska resultat. Särskilt uppmärksammade har framgångarna varit i behandlingen av svårlöst PTSD hos exempelvis krigsveteraner.

MDMAs unika förmåga att öka vår lycka, empati och medkänsla har att göra med att den frigör vårt serotonin. Vid en överanvändning finns det dock betydande risk att vi tömmer vårt serotoninförråd vilket kan leda till depressiva tillstånd.

Ett annat bekymmer är att MDMA blivit populärt i formen av ecstasy. Då kommer det som tabletter och även om MDMA bör vara en av huvudingredienserna så är det svårt att veta vad mer man får i sig. Det är därför vanligt att folk får helt andra effekter än de räknat med när de tar ecstasy. Ren MDMA kommer vanligtvis i kristallform och kan exempelvis finfördelas för att dras upp i näsan eller ätas.

En del skulle förmodligen inte klassa MDMA som en enteogen men jag har hört tillräckligt många berättelser av människor som kommit i kontakt med det gudomliga inom sig för att tycka att den ändå har en plats där.

Research chemicals

En research chemical är en substans som ännu inte hunnit narkotikaklassas och därför fortfarande är laglig. Eftersom substanserna är oprövade finns det oftast betydande osäkerhet kring sådant som dos, interaktioner med andra substanser och biverkningar.

Dessa substanser intresserar oftast människor som av en eller annan anledning vill hålla sig på rätt sida av lagen men ändå vill ha ett rus som påminner om exempelvis enteogener. Effekten blir att narkotikalagstiftningen styr om människor från att använda olagliga men förhållandevis säkra substanser som vi vet mycket om, till osäkra substanser som vi vet väldigt lite om och som i en del fall kan vara livsfarliga.

Ett exempel på det är spice vilket är ett samlingsnamn för en mängd olika varianter av syntetiska cannabinoider. Spice har huvudsakligen använts som substitut för cannabis, vilket är olagligt och lätt att spåra med drogtest. Cannabis, även om den dras med en missbrukspotential, är en säker substans såtillvida att det är omöjligt att dö av den. Spice däremot har fört med sig ett flertal uppmärksammade dödsfall. Liknande bekymmer hade vi med en psykedelisk substans vid namn Bromo-DragonFLY där laglydiga unga dog eller skadades av en ersättningssubstans samtidigt som det säkra alternativet är olagligt.

Sedan ska det såklart sägas att det finns många research chemicals som är säkra men utan att vi ännu faktiskt vet det. Det som idag är oprövat kan mycket väl vara framtidens genombrott. För att återknyta till Alexander Shulgin, återupptäckaren av MDMA, så var utforskandet av nya psykoaktiva substanser han och hans frus livsverk. Skillnaden var såklart att de hade ett väl utvecklat säkerhetstänk kring det hela och också substanser tillgängliga för att avbryta upplevelsen.

Fyra skäl att använda sinnesförändrande substanser

Det finns många skäl att använda sinnesförändrande substanser. Här ger jag exempel på fyra vanliga och väl avgränsade skäl men en upplevelse kan såklart höra hemma i flera av dem eller vara ett uttryck för någonting annat. Tänk dig exempelvis att någon som är deprimerad tillsammans med vänner tar något i rekreationellt syfte. Även om det inte varit intentionen så kan upplevelsen samtidigt ha ett betydande terapeutiskt värde om personen exempelvis haft roligt, känt samhörighet och meningsfullhet.

Rekreation

Många använder sinnesförändrande substanser för att slappna av, ha kul och utforska. De tar det hemma med sin partner, på en fest eller som ett äventyr tillsammans med vänner.

Med enteogener: De förändrade medvetandetillstånd som enteogener ger är ofta härliga, upplyftande och upplevs som mycket meningsfulla. Vissa, såsom svamp och LSD, kan passa bra i ett socialt sammanhang medan exempelvis ayahuasca lämpar sig bättre för en meditativ djupdykning.

Terapeutiskt

De terapeutiska effekterna av sinnesförändrande substanser är många och varierade. Det är viktigt att förstå att mycket av användandet av illegala substanser faktiskt snarare är självmedicinering och självutforskande än ett försök att fly något.

Med enteogener: Enteogener är i sammanhanget kraftfulla allierade för att läka känslomässigt, mentalt och ibland även fysiskt. De bringar ofta klarhet till vår situation och ger oss verktyg för att arbeta med vår egen läkning. Det är också vanligt att de sänker de mentala barriärer och försvar som hindrar oss från att hantera vår situation på bästa sätt. Detta gör dem lämpliga för djupt terapeutiskt arbete där genombrott är vanliga. Att arbeta på det sättet kräver mod, trygghet och det är ofta bra att ha en erfaren person vid sin sida.

Andligt

Sinnesförändrande substanser har sedan urminnes tider funnits med i andliga och religiösa sammanhang och betraktas ofta som sakrament. Ibland är effekten viktig för ritualen medan sakramentet i andra fall reducerats till att vara symbolisk.

Med enteogener: Det finns dokumenterad användning av enteogener i andliga sammanhang från världen alla hörn och som sträcker sig tusentals år tillbaka. Växternas andar kommunicerar med oss och de kallas därför ofta respektfullt för lärare. Att arbeta utifrån en andlig förståelse öppnar möjligheter till sådant som att komma i kontakt med andevärlden, arbeta med tidigare liv, kommunicera med naturen, nå upplevelsen att allt är ett och mer därtill. Även här är mod och en trygg miljö viktig och det är ofta lämpligt att ha en erfaren person vid sin sida.

Missbruk

Vilken växt, svamp eller substans vi än använder så är det viktigt att vara medveten om missbrukspotentialen. Men kom ihåg att missbruket inte bottnar i substansen utan i oss själva. Därför är det viktigt att vi frågar oss varför och hur vi använder en substans. Använder vi den för att fly, lägga locket på, distrahera oss eller sänka vårt medvetande så kan det vara tecken på missbruk.

Med enteogener: Det är ovanligt att människor missbrukar enteogener. Flera av dem är tvärtom välkända för att bryta missbruk. De är dock inte omöjliga att missbruka.

När du överväger enteogener

Vet vad du ger dig in på men vet framförallt varför du ger dig in på det. Ditt syfte med att använda en viss växt, svamp eller substans är avgörande för resultatet. Vad du vill uppnå avgör sedan hur du bäst planerar upplevelsen.

Är du redo?

Många som vänder sig till enteogener har fastnat på ett eller annat sätt. De söker läkning, insikt och sätt att komma vidare. Andra fascineras av andras berättelser eller övertalas att vara med och glömmer att fråga sig om de faktiskt själva behöver medicinen. De kan ofta göra mer nytta för sig själva med livsstilsförändringar.

Enteogener är exceptionellt kraftfulla verktyg för att arbeta med personlig och andlig utveckling och bör behandlas med respekt. För att arbeta med dem behöver du vara mentalt förberedd att möta det som kommer upp. Om du vet med dig att du inte är beredd att möta och arbeta med det som du har tryckt undan i ditt undermedvetna, bör du inte använda dessa verktyg.

Om du å andra sidan är öppen för att göra vad som krävs för att läka och växa och vill få tillgång till kunskap så att du kan hjälpa dig själv så kan enteogener vara fantastiska. Det är viktigt att förstå att arbetet med enteogenen inte begränsas till ceremonitillfället utan kan pågå långt efter. Enteogenen läker oss i regel inte utan visar oss istället vad vi själva behöver göra för att läka, vilket kan öppna upp processer som tar lång tid att slutföra. Det kan därför vara viktigt att försäkra sig om att ha bra stöttning efter upplevelsen.

Innan du vänder dig till enteogener

Det finns ofta ett förarbete att göra innan enteogenerna kommer in i bilden. Ju mer förarbete du lyckats göra, ju djupare och längre kan du i regel komma med hjälp av dem. I förarbetet ingår att så långt som möjligt medvetandegöra dig om de bekymmer du har och att på förhand göra de förändringar du förmår. Annars finns risken att du i ceremonin inte kommer längre än till det som du egentligen redan visste och hade kunnat göra på förhand.

Arbetar du med en shaman eller terapeut är det därför inte ovanligt att behöva göra livsstilsförändringar innan enteogener kommer in i bilden. Det är också möjligt att du i den processen kommer underfund med att du faktiskt inte vill vända dig till medicinen. Kanske inser du att du redan har kunskapen och verktygen för att lösa din situation.

Enteogener i förändringsprocessen

Förändringsprocesser går genom fyra faser och en resa med enteogener kan adressera en eller flera av dessa.

I den första fasen handlar det om att medvetandegöra sig och här kan enteogener vara fantastiska på att visa oss det som vi dolt för oss själva. De har en förmåga att skala av oss våra försvarsmekanismer så att vi får tillgång till det vi inte längre ser.

I den andra fasen behöver vi acceptera det som vi medvetandegjort oss om.

Det är lätt att få för sig att det händer automatiskt om man bara lyckats medvetandegöra sig. Ibland kan det vara så men i andra fall kan det vara lika utmanande att nå acceptans. Här kan enteogenerna göra det lättare för oss att finna acceptans inför en situation vilket exempelvis är anledningen till att de kan vara bra för människor som lider av dödsångest. De hjälper då personen i processen att förlika sig med sin egen död.

Den tredje fasen handlar om förändring och alla de sätt som vi för processen framåt efter det att vi medvetandegjort oss och accepterat det vi blivit medvetna om. Här finns ofta en hel palett av verktyg, metoder och insikter som man kan använda sig av för att komma vidare och det är rimligt att tänka sig att man kommer att behöva använda flera av dem innan man är klar. Att peka oss mot rätt verktyg är också något som enteogener är bra på.

Det slutliga steget är att lägga saken till ro och känna tacksamhet. Det händer att de som tar enteogener kommer till det här steget när de inledningsvis trott att det fanns mer som behövde göras.

Din medicinska bakgrund

Det kan finnas medicinska skäl för dig att inte använda vissa växter, svampar eller substanser. Kontrollera tillförlitliga källor för det som kan vara relevant för dig. Rådgör med din shaman, guide, terapeut och läkare men undersök också saken själv. Den tillgängliga kunskapen om interaktioner med olika tillstånd och läkemedel är ofta låg.

De mest populära enteogenerna är fysiskt mycket säkra att arbeta med. Praktiskt taget ingen dör av dem och få tar dumdristiga risker. De potentiella riskerna finns huvudsakligen på den mentala nivån där människor som är ovilliga att förändras kan ha mycket utmanande och även skrämmande upplevelser. Sådana risker reduceras kraftigt när du arbetar med en terapeutisk eller andlig intention.

Det finns en allmän försiktighet gällande människor som lider av allvarliga psykiska sjukdomar såsom schizofreni. Rädslan är att enteogenerna ska trigga personen att bli ännu sjukare. Det finns dock andra sätt att förstå dessa sjukdomar. Om sjukdomen exempelvis orsakas av en parasiterande energi kan enteogener vara lämpliga att arbeta med under ledning av en shaman som vet hur man extraherar sådana.

Antidepressiva mediciner

Det är en god idé att sluta med antidepressiva mediciner i god tid innan en session med enteogener. Anledningen ur ett energimässigt perspektiv är att de verkar i olika riktningar. Där antidepressiva har en tendens att lägga locket på så spränger enteogener snarare loss locket och häller ut grytans innehåll i knäet på en. Den konflikten av energier som drar åt olika håll kan bli problematisk.

Ur ett medicinskt perspektiv kan interaktionerna vara lite olika. I några fall höjer eller sänker de effekten av enteogenerna medan de i sällsynta fall kan leda till toxiska effekter. Särskilt ayahuasca och liknande brygder har rapporterats ha farliga interaktioner med antidepressiva läkemedel.

En väg för de hängivna

Med de många fantastiska berättelser om tillfrisknande som cirkulerar så är det lätt att tro att enteogener skulle vara en mirakelmedicin för alla. Men enteogener är verkligen inte en väg för alla.

Det är tvärtom en väg som kräver hängivenhet och en ovanligt stor portion mod. Ett av de vanligare sätten som enteogener hjälper oss är genom att rota igenom vårt inre, hitta det som vi noga förträngt och köra upp det i ansiktet på oss. Enteogener har en förmåga att kringgå våra försvarsmekanismer och med obarmhärtig kärlek visa oss det som vi försöker dölja för oss själva. Därför kan en session med enteogener motsvara flera års terapi men håll i åtanke att det verkligen inte är alla som är redo för flera års terapi på en gång.

Den som inte är med på att rannsaka sig själv och vågar möta varenda vedervärdighet i syfte att läka och växa bör inte använda enteogener. Korrekt använda är enteogener exceptionellt säkra men felaktigt använda kan de leda till att vi återtraumatiserar oss istället för att läka.

Inte en genväg

Motståndare försöker ibland hävda att enteogener är en genväg; underförstått en fuskväg. Att den "sanna" vägen går genom långvarig meditation, bön, psykoterapi, yoga eller annan väg till självkännedom. Jag har alls inget emot att saker ibland behöver ta tid men det finns inget självklart samband mellan tid och uppnådd självkännedom. Insikt kan värkas fram som en pärla i ett ostron eller slå ner som en blixt.

Enteogener kan i många fall skära rakt igenom lager av föreställningar så att vi snabbt hittar fram till insikten. Har vi dessförinnan utan resultat sökt i år eller decennier kan det vara provocerande hur lätt det går. Likväl skulle jag hävda att insikten i sig inte är grejen. När insikten väl landat behöver vi omsätta den i handling och låta den genomsyra vårt liv för att den ska få faktisk mening. Enteogener visar oss vad vi behöver göra men gör det i regel inte åt oss.

Det finns oändligt många sätt att uppnå insikt och självkännedom. Vad som inte finns är **SÄTTET** som gör alla andra sätt överflödiga. Det behövs olika vägar eftersom människor är olika, befinner sig på olika resor och har olika behov.

Det bör också påpekas att det ingalunda råder ett motsatsförhållande mellan enteogener och exempelvis meditation, bön, psykoterapi eller yoga. Tvärtom är de utmärkta komplement till varandra.

Resans delar

En typisk resa kan sägas bestå av sex delar.

Förberedelse

Under förberedelsefasen skapar vi förutsättningarna för vår upplevelse. Här planerar vi resan och gör arbetet vi behöver inför den.

En del får kontakt med enteogenen redan veckor innan ceremonin medan andra upplever kontakt när de strax före ceremonin exempelvis kokar te på svamp. Även om man inte upplever en kontakt på förhand så kan förberedelsefasen vara en bra tid för att börja prata med sig själv och enteogenen om sin intention.

Intag

Från det att man tar enteogenen tar det dels tid innan man känner av den och dels innan den når full effekt. Med enteogener som intas oralt tar det vanligtvis 15-60 minuter och under den tiden ökar effekten gradvis. Enteogener som röks eller dras upp i näsan kan däremot slå på så snabbt att de ibland inte ens har en märkbart gradvis ökning.

Under tiden som man vid oralt intag inväntar full effekt är det förhållandevis vanligt med kroppsliga symptom såsom muskelspänningar, käkspänningar, rysningar och liknande.

Här är det ofta lämpligt att vara närvarande med sin kropp och arbeta med sin intention och sina löften.

Peak

Under peaken är effekterna som starkast och beroende på enteogenen brukar det vid oralt intag vara cirka timme 1-3 in i resan. Detta är när vi är som mest frikopplade från vår kropp och ett bra tillfälle för djupt inre utforskande, kontakt med enteogenen, Moder Jord och alltet. Här kan känslan av att helt eller delvis upplösas infinna sig, egot dö och cellerna kommunicera med oss. Jag rekommenderar att lägga in åtminstone ett längre meditationspass på väg in i eller under peaken.

I den mån som vi känner oss förvirrade och inte kan skilja på upp och ner så är det oftast här. Fysiskt kan vi ha svårt för att kommunicera eller förflytta oss och våra sinnen kan vara avstängda eller förstärkta. Därför är det särskilt viktigt att vi befinner oss i ett tryggt sammanhang under peaken.

Avtrappning

Så småningom börjar effekten trappas av och vi återfår vår förmåga att kommunicera begripligt och förflytta oss. Våra sinnen återvänder gärna med en förhöjd känslighet. Här kan det vara fantastiskt att utforska sina sinnen genom att exempelvis känna på saker, leka med vatten i munnen, lyssna på trädsus och fågelsång, beröra kroppen eller fascineras av något man ser. Att äta kan börja kännas lockande igen men vill vi bibehålla effekten bör vi hålla igen på det.

De som röker cannabis använder gärna det för att förstärka effekten vilket kan leda till ytterligare eller förlängda peaktillstånd. Med en enteogen som ayahuasca som fylls på efter hand så tas en ny kopp nu för att återvända till peaken.

Denna delen av resan brukar vara mer lättnavigerad men behöver inte nödvändigtvis gradvis trappa av utan kan också gå i vågor. Var vaksam på substanser eller situationer som kan trigga en eskalering. Att meditera, vara tyst eller byta miljö kan vara nog för att upplevelsen ska komma tillbaka med full kraft.

Beroende på enteogenen, ens egna förutsättningar och vilka aktiviteter man ägnar sig åt brukar den här fasen vara i 3-10 timmar.

Afterglow

Afterglow finns inte alltid med men när det gör det så är det ett tillstånd som kan vara i dagar, veckor eller även månader efter en resa. Det är ett tillstånd som ofta kännetecknas av:

- att se saker med nya ögon
- att känna sig upplyft
- att uppfatta möjligheter i tillvaron
- att vara i kontakt med sin potential
- känslor av insiktsfullhet och mening
- en känsla av renhet
- att känna sig positiv inför livet

Jag tolkar ordet som att det beskriver den aura som någon som nyligen rest ibland har runt sig.

Integration

Att integrera är enkelt uttryckt att ta till sig insikterna som upplevelsen gett och låta dem komma till uttryck i livet. Detta är ett arbete som kan pågå i veckor eller decennier och kan sägas vara resans viktigaste steg. Utan integration kan upplevelsen lätt stanna vid effektsökeri.

Hur länge varar resan?

När folk ställer den frågan så menar de vanligtvis hur länge de kommer att snubbla runt i ett småförvirrat tillstånd. De söker något liknande detta:

- LSD: 8-12 timmar
- Svamp: 6-10 timmar
- Ayahuasca: 4-6 timmar
- San Pedro: 8-12 timmar
- Cannabis: 2-4 timmar

Så betraktar jag emellertid inte resan. Resan är att dyka in i sitt inre, finna insikter och att omsätta dessa i livet. Enteogenen är i sammanhanget verktyget eller samarbetspartnern.

Hur länge pågår då resan?

Den pågår så länge du arbetar med insikterna som du har fått till dig. Det finns de som decennier senare fortfarande arbetar med att integrera insikterna som de fått till sig under en session. De är fortfarande på resande fot, skulle jag säga.

Risker med sinnesförändrande substanser

Resten av kapitlet kommer på olika sätt att beröra risker och säkerhet. Jag vill betona att riskerna med enteogener generellt sett är mycket små och ännu mycket mindre när de används med eftertanke. På samma sätt som vi inte tar på oss säkerhetsbältet i bilen för att vi förväntar oss att krocka, så reflekterar vi inte över säkerheten inför arbetet med enteogener för att vi förväntar oss att något ska gå fel. Vi gör det för att undvika förutsägbara fallgropar och mildra konsekvenserna ifall något mot förmodan ändå skulle gå snett.

Innan vi överväger att ta en sinnesförändrande växt, svamp eller substans bör vi undersöka riskerna och reflektera över vilka vi är beredda att ta. Följande områden kan exempelvis vara relevanta att reflektera kring:

- risk för fysiska skador och dödsfall
- ökat riskbeteende
- risk för fysiskt eller psykiskt beroende
- risk för psykiska skador
- risk för andliga skador
- miljöpåverkan
- fara för samhället och legal status

Riskbedömningen är individuell. Det som är farligt för en person kan vara ofarligt eller rent av till hjälp för en annan.

Som jämförelse nämner jag nedan ett flertal välkända substanser som inte är enteogener. Detta görs enbart som risk- och effektjämförelse. I övrigt tycker jag att vi bör vara noga med att inte placera enteogener i samma tankefålla som andra substanser.

Fysiska skador och dödsfall

De fysiskt sett farligaste drogerna är alltjämt tobak och alkohol. Medan tobak skördar flest liv så verkar alkohol vara den mest destruktiva drogen när alla aspekter vägs samman. Många läkemedel är också mycket farliga, särskilt men inte enbart när de används felaktigt.

Ett sätt att mäta en substans dödlighet är med det som kallas LD50[5] vilket innebär den dos där halva testpopulationen dör. Ju lägre värdet är, ju farligare är substansen. Redan vid fem gånger den normala heroindosen stryker halva populationen med. En sak som gör heroin särskilt bedrägligt är att det är svårt att avgöra kvaliteten innan man testat det. Kombinerat med att det rent fysiskt är relativt små kvantiteter som behövs gör det heroin lätt att överdosera.

Alkohol kräver tio gånger dosen innan halva populationen dör. Alkoholen har en naturlig men för vissa lättforcerad spärr. Man behöver helt enkelt dricka väldigt mycket för att vara i fara för sitt liv. Men varje år dör många av akut alkoholförgiftning efter dryckeslekar och hejdlöst supande. Med sprit ökar faran eftersom det krävs mindre volym.

I kontrast till de här farliga drogerna så har många enteogener anmärkningsvärt höga LD50-värden. För cannabis, svamp och LSD är de så höga att det inte gått att fastställa LD50-värden. Såvitt jag vet finns inga säkert dokumenterade dödsfall på grund av överdosering av cannabis, svamp eller LSD. Med ayahuasca finns det dokumenterade dödsfall men de är få och beror på interaktioner med andra läkemedel.

Ökat riskbeteende

Ökat riskbeteende förknippar jag främst med obalanser på ego-nivån. Det kan exempelvis handla om överdrivet självförtroende, uppblåst självkänsla eller självhävdelsebehov. Substanser som förstärker sådana tillstånd triggar ofta våldsamt eller farligt utåtagerande beteenden. Alkohol är den vanligaste ego-förstärkaren och det är ingen tillfällighet att fylla går hand i hand med risktagande, gränsöverskridande och våld. Det är en substans som det är lätt att snedtända på. Andra egoförstärkare är amfetamin och kokain medan några exempel på milda egoförstärkare är koffein och nikotin.

Ett ökat riskbeteende kan också kopplas till att en person slutar bry sig. Många mediciner såsom bensodiazepiner och antidepressiva läkemedel men även alkohol kan verka känslohämmande på det sättet. I ett tillstånd då empatin för medmänniskor sjunker eller försvinner kan dörrar till våld, kränkande behandling och självskadebeteende öppnas.

Ett tredje slags riskbeteende handlar snarare om att man gör sig illa för att man får för sig saker som inte stämmer. En myt gällande LSD är att folk trott att de kunnat flyga och därför hoppat ut från fönster eller tak. Det är en propagandamyt som skapades för att skrämma folk men den belyser likväl en aspekt som kan vara viktig att ta i beaktande när vi arbetar med sinnesförändrade tillstånd. Den som inte är van vid att navigera sådana tillstånd kan försätta sig själv i fara om den drar felaktiga slutsatser om vad som egentligen händer. Det är ovanligt att det leder till potentiellt farliga situationer men inte otänkbart. Använd en sitter eller guide om så behövs. Och tror du att du kan flyga så prova att lyfta från marken först.

Fysiskt eller psykiskt beroende

Vissa substanser är fysiskt vanebildande så att (miss)brukaren får ett starkt fysiskt sug efter dem. Några välkända sådana är opiater, nikotin, alkohol och kokain. Jag kan själv intyga att cannabis är fysiskt vanebildande men utifrån min egen erfarenhet mycket mindre så än nikotin.

Det finns emellertid många substanser som inte skapar ett fysiskt beroende. Den som har en missbrukspersonlighet behöver inte ett fysiskt beroende för att missbruka något. Det ligger istället i själva inställningen hos missbrukaren där en tvångsmässighet att distrahera eller bedöva sig tar över.

De enteogener jag mött skapar inte fysiska beroenden och endast i sällsynta fall psykiska sådana. Tvärtom finns det inbyggt i själva upplevelsen att människor blir mätta och behöver tid att integrera sina insikter. Enteogener dämpar eller löser ofta rentav beroendeproblematiken. Det kräver dock att missbrukaren är öppen för att göra de förändringar som behövs.

Många enteogener har dessutom inbyggt att toleransen snabbt ökar. Det innebär att vi nästa dag behöver en väsentligt högre dos för att nå en liknande upplevelse. Men även med en högre dos mattas upplevelsen snabbt av så att det snart blir meningslöst att fortsätta. Medan exempelvis alkohol, amfetamin och cannabis kan användas under långa perioder, vid samma dos och ge liknande effekt så kan man inte närma sig LSD eller svamp på samma sätt.

Psykiska skador

De största farorna med enteogener är på det psykiska planet och uppstår när människor inte förmår hantera det som de konfronteras med. Om vi exempelvis möter ett trauma som vi vägrar kännas vid och kanske också flyr ifrån så kan det i värsta fall leda till att vi återtraumatiseras eller hamnar i en psykos.

Skadan beror med andra ord inte på substansen utan på vår oförmåga att hantera det som dyker upp. Det är ingen tillfällighet att sådana situationer huvudsakligen uppstår i underinformerade och oseriösa sammanhang. Riskerna minskas väsentligt med ett ordentligt förarbete och med de löften som vi avlägger till oss själva.

Personlighetsförändringar presenteras ibland också som en risk. Negativa personlighetsförändringar kan exempelvis vara gränsöverskridande beteenden, lögner, uppblåst självkänsla, offermentalitet och bristande social förmåga. Positiva personlighetsförändringar kan vara större självinsikt och vilja att läka, ökad empati, ansvarstagande och en strävan efter att tala sanning. En personlighetsförändring kan med andra ord vara något positivt eller negativt och den distinktionen är viktig att göra.

Det är också viktigt att notera att en personlighetsförändring kan upplevas på ett sätt av den som förändras och på ett annat sätt av omgivningen. Den som exempelvis avslutar ett missbruk kan själv känna sig fri men samtidigt få negativ feedback från de som tycker att personen borde fortsätta vara som den varit.

Det finns också en liten grupp som upplever kvardröjande hallucinationer, vilket ibland kallas HPPD (Hallucinogen persisting perception disorder). Begreppet är omtvistat men det finns uppenbarligen de som har sådana upplevelser, även om det är ovanligt.

En shamansk tolkning av kvardröjande hallucinationer som kan vara relevant i åtminstone några av fallen är att vi öppnat upp nya sätt att förnimma saker och har svårt att stänga ner dem, om stänga ner ens vore realistiskt eller önskvärt. Den som då gör tolkningen att det den ser inte är sant kan tro att något är fel. Säg exempelvis att du under en ceremoni börjar se människors auror och låt oss för exemplets skull tänka att auror är en sak som faktiskt existerar. Under ceremonin är du kanske bekväm med upplevelsen att se auror, men tar du med dig den förmågan tillbaka till vardagslivet och inte ens är säker på att du tror på auror, så kan det uppfattas som problematiskt eller rent av ett sjukdomstillstånd.

Andliga faror

Det finns substanser som kopplar upp oss till det gudomliga och andra som bedövar oss och därmed kopplar ner oss. Enteogener kopplar upp oss medan exempelvis opiater, alkohol, nikotin, amfetamin och kokain tenderar att koppla ner oss. Båda bär sina utmaningar.

Den som kopplar upp sig och sträcker sig uppåt behöver ha rötter. Utan rötter eller stöd hos andra kan en sådan person fladdra iväg som ett löv i höstblåsten. Den som istället kopplar ner sig retirerar från livet och förlorar samhörigheten med alltet. På så sätt kan de båda leda till vilsenhet och göra personen sårbar för attacker utifrån, såväl från medmänniskor som från andevärlden.

När vi använder sinnesförändrande substanser är det således viktigt att vara medveten om vilka faror som kan lura i sammanhanget. I en shamansk ceremoni kan det finnas parasiterande energier i omlopp men det sker i ett sammanhang där medvetenheten är hög och där shamaner och hjälpare bör vara förberedda på att motverka och hantera angrepp. På en genomsnittlig fyllefest finns vanligtvis ingen medvetenhet kring detta och inte heller någon beredskap att hantera angrepp.

Miljöpåverkan

När vi överväger en sinnesförändrande substans bör vi också ha i åtanke den miljöpåverkan som framtagandet haft. Storskalig odling kan exempelvis innebära skövling, utarmande av den biologiska mångfalden och användande av bekämpningsmedel. När vi förlitar oss på naturligt förekommande källor kan ett överuttag hota de vilda bestånden.

Förädlingen kan innebära ytterligare påverkan om processen innehåller farliga kemikalier såsom vid produktionen av kokain, amfetamin och MDMA. Därtill behöver läggas distributionen av substanserna.

Eftersom mycket av detta sker i ljusskygga miljöer är det svårt att veta något om de produktionsförhållanden, processer och transporter som ligger bakom en substans. De bästa substanserna är därför rimligtvis de som kommer från hållbart skördade vilda bestånd alternativt ekologiskt odlade, är förädlade med skonsamma tekniker och befinner sig nära slutkonsumenten.

Fara för samhället och legal status

Våld, övergrepp och stölder följer i vissa substansers spår. Minskad respekt och ökad frustration likaså. En oreglerad marknad utan kvalitetskontroll som styrs av kriminella gäng kan innebära en fara på flera plan och påverkar inte sällan samhället i stort.

Handel med naturliga enteogener, förutom cannabis, sker däremot huvudsakligen mellan entusiaster och bidrar i regel inte till grövre kriminalitet. Faran för samhället ligger såvitt jag kan se huvudsakligen i enteogenernas omstörtande effekter eftersom de kan få människan att kliva ur ekorrhjulet och ifrågasätta sakernas ordning.

Samhället bestraffar människor som bortser från narkotikalagstiftningen i sitt sökande efter alternativa sätt att läka, utvecklas, koppla upp till det gudomliga eller bara slappna av och ha roligt. Den som bryter mot lagen bör reflektera över konsekvenserna av att åka fast.

Den sammanvägda faran

En som studerat riskerna med sinnesförändrande substanser ingående är vetenskapsmannen David Nutt[6]. Han utvecklade ett system för att väga in 16 olika riskkriterier som forskare från olika discipliner sedan fyllde med innehåll. Undersökningen har reproducerats med andra forskare men resultaten tenderar att bli desamma. Sammantaget är alkohol den i särklass farligaste drogen med ett riskvärde på 72. Därefter följer heroin och crack med riskvärde på 55 respektive 54, det vill säga en bra bit under alkohol men ändå mycket farliga. De följs av metamfetamin (33), kokain (27) och tobak (26).

Enteogenerna är generellt mycket säkrare. Med svamp (6) och LSD (7) ligger riskerna nästan helt på det mentala planet medan cannabis (20) har en mer spridd riskbild. Men sammantaget är de alla betydligt säkrare än de lagliga substanser som finns att tillgå.

Detta är dock en generell bild. Det som är en fara för en person behöver inte nödvändigtvis vara det för en annan. Därför är det viktigt att göra en individuell bedömning och själv bestämma vilka risker som är acceptabla, vilka som inte är det och vilka som kanske inte ens är relevanta i sammanhanget.

Ett informerat val

Jag tycker generellt att människor ska ha stor valfrihet men att den ska bygga på kunskap och eftertanke. Idag är det svårt för gemene man att göra ett väl underbyggt val gällande sinnesförändrande substanser. Mycket av informationen som finns tillgänglig är propagandistisk, felaktig och inte så sällan faktiskt lögnaktig. Därtill vilar vår narkotikalagstiftning inte på vetenskaplig grund utan är moralistisk och vi bör påminna oss att det ligger i någras ekonomiska och ideologiska intresse att den ser ut som den gör.

När jag själv reflekterar över detta konstaterar jag att jag inte löper någon nämnvärd risk när jag arbetar med enteogener. Däremot har jag identifierat flera andra risker som jag inte är beredd att ta och därför undviker jag generellt:

- förgiftningseffekter
- sådant där det finns en reell risk för fysiska skador eller död
- sådant som är skadligt för min energistruktur
- egoförstärkande substanser
- substanser som jag inte litar på

Jag tycker själv att mina krav på en sinnesförändrande substans är högst rimliga men slås naturligtvis av ironin att det sorterar bort det mesta som är lagligt. Det som är lagligt i Sverige just nu är det som är allra farligast och som i princip helt saknar potential i förhållande till vår personliga och andliga utveckling.

Vanliga misstag

– Vi kan det här, försäkrade hans vänner honom.

De var nere på en tysk festival och han skulle för första gången få prova LSD.

Hans vänner hade köpt en liten flaska med flytande LSD men hemma hade de bara sett substansen som små frimärken.

– Hur mycket tror du man ska ta, frågade den ena vännen.

– Jag vet inte riktigt. Tio droppar kanske, gissade den andre.

Så han som aldrig trippat förut sträckte fram sin hand och hans LSD-kunniga vänner lät tio droppar falla på baksidan av den. Han slickade i sig dropparna och hans vänner tog lika många.

Efter en dryg halvtimme sa den ena vännen till den andra:

– Jag känner ingenting. Känner du något?

– Nej, jag känner ingenting.

– Det kanske inte är så starkt? Vi kanske behöver ta mer?

Så de portionerade ut ytterligare 20 droppar på var hand och slickade i sig dem. Lagom till att de slickat i sig dem slog de tio första på.

När jag träffade honom hade det gått många år sedan hans LSD-upplevelse.

– Det var verkligen himmel och helvete, berättade han. Jag skulle inte önska någon den upplevelsen för jag har aldrig varit med om något så hemskt som när jag var i helvetet. Det var skärseld, oändlig plåga och total hopplöshet. Men samtidigt har jag aldrig varit med om något så fantastiskt som när jag befann mig i himmelriket. Allt var välsignat, fridfullt och läkt.

– Trippen varade i en evighet. Jag tror att jag landade ett par dygn senare men då kom jag ur den i ett tillstånd av djup frid och tacksamhet. Jag kände mig verkligen som en buddha och var kvar i det tillståndet långt efter.

• • •

Med flytande LSD är en droppe vanligtvis en normal dos medan två eller tre droppar är en hög dos. 30 droppar är en vansinnigt hög dos.

Oavsiktlig överdosering

Man vet inte hur potent substansen är och har inte brytt sig om att ta reda på det. Utan avsikt tar man därför en långt mycket högre dos än vad man tänkt sig.

Lösning: Fråga den du köper substansen av. Börja med en låg dos om det är en ny substans som du känner minsta osäkerhet inför.

"Jag känner inget"

Man är otålig och låter inte substansen verka innan man tar mer. Många saker kan fördröja effekten såsom hur substansen intas, vad man ätit innan och hur närvarande man är i det som sker. Otåligheten kan i sig fördröja effekten. Tiden som det tar för substansen att verka kan ibland skilja på mer än en timme.

Lösning: Ha tålamod. Det kan vara bra att bestämma en dos och inte lockas att fylla på den. Blir det ingen eller bara en ganska lätt tripp så är det meningen att det ska vara så. Acceptera och var tacksam för det.

Otrygg omgivning

Ett vanligt fel som ovana psykonauter gör är att de tar substansen i en otrygg omgivning eller med människor som de inte känner sig trygga med. Om något sedan inträffar eller de tvingas möta något obehagligt så får de svårt att hantera det och vågar kanske inte heller be om hjälp.

Lösning: Res i sammanhang och tillsammans med människor som du känner dig trygg med. Ta hand om varandra. Avstå om du får en dålig magkänsla inför sammanhanget eller människorna.

Psykisk instabilitet

Rätt använda kan enteogener vara mycket läkande. Generellt gäller dock att inte ta enteogener om du inte är beredd på att bli avskalad dina skyddsmekanismer och medvetandegjord om varenda vidrighet du varit med om i livet. Den som är hyfsat stabil kan i de flesta fall hantera det, men den som är instabil kan fastna och därmed inte klara av att ta hand om upplevelsen.

Lösning: Om du vill ta enteogener i terapeutiskt syfte så gör det tillsammans med någon som du litar på, en shaman eller guide och var noga med intention och löften. Ta inte enteogener om du har saker i ditt förflutna som du inte är beredd att möta. Ta enbart enteogener i sammanhang där du känner dig trygg och blanda inte enteogener med andra substanser såsom alkohol eller mediciner. Var särskilt försiktig om du lider av allvarlig psykisk ohälsa och gör så mycket förarbete som möjligt innan du överväger enteogener. Överväg också att helt avstå från att arbeta med enteogener.

Uppblåst ego

– Ayahuasca berättade för mig att jag är speciell och utvald.

Ja, det är du. Precis som alla andra. Vi är alla speciella och utvalda men vi har genom livet en tendens att glömma bort det. Därför påminner enteogenerna oss gärna om vår sanna natur. Det ska dock inte förväxlas med att du är bättre eller mer värd än någon annan och det betyder inte att du är nästa messias som ska berätta för oss andra hur vi bör leva våra liv.

Lösning: Ta till dig budskapet men förstå samtidigt att budskapet är avsett för dig. Vi har alla våra egna vägar och sanningar. Utforska din väg och sanning utan att pådyvla andra den. Skulle du vakna till insikten att du faktiskt är messias så börja med att först vara det för dig själv och din egen utveckling.

Enteogener till alla

Många är vi som efter några fruktbart omvälvande upplevelser inbillat oss att världens alla bekymmer skulle lösas om alla bara tog enteogener. Om alla fick samma möjlighet att lösa sina trauman, känna empati med allt levande och se sin sanna potential skulle alla rimligtvis vara betydligt snällare och ta hand om såväl jorden som sina medmänniskor. Och visst finns det fog att tänka så. Enteogener bär på en ofantlig visdom och skulle kunna hjälpa bra många fler än vad de får möjlighet till idag. Det är viktigt att de får göra det, men tro mig, de är inte lösningen på allas bekymmer. Vissa människor bör verkligen inte ta enteogener.

Lösning: Pracka inte på folk enteogener. Berätta gärna om dina upplevelser men låt andra göra sina egna val. Människor som inte tilltalas av enteogener bör inte heller använda dem.

Manipulationer och utnyttjande

Jag blev uppriktigt förvånad när jag först fick höra att Charles Manson använde LSD när han förvred sina sektmedlemmars världsbild. För mig står LSD för sanning och frigörelse men med tiden har jag förstått att det är fullt möjligt att använda enteogener med andra avsikter.

Många som kommer till enteogener i sitt sökande efter läkning, insikt och mening kan samtidigt vara sköra och lättpåverkade. Då kan det vara lätt för någon som är manipulativ att utnyttja situationen. Uppsåtet kan vara ont, som i exemplet med Manson, men det kan också vara gott men missriktat av någon med bristande insikt. Samma verktyg som med en intention kan vara till hjälp kan med en annan intention vara destruktivt.

Suggestion

Ett exempel på ett verktyg som väldigt tydligt kan vara både ont och gott är suggestion, med vilket jag menar att plantera en tanke eller föreställning i någon. Helandetekniker förlitar sig i hög grad på just detta, att plantera föreställningen om att läkning är möjlig i människan. Detta är också en vanlig teknik vid initieringar.

Men säg att intentionen inte är god utan istället egoistisk eller rent av ond. En människa på enteogener, framförallt en som är ovan vid att navigera tillståndet, är ofta väldigt öppen för förslag. Personens tillstånd är så att säga näringsrik jord att plantera föreställningar i. Den som medvetet planterar föreställningar som är avsedda att manipulera människan kan vara utomordentligt farlig i kombination med enteogener.

Moraliskt mindre förkastligt men likväl riskabelt är när någon omedvetet planterar föreställningar i människor. En shaman eller terapeut värd namnet planterar medvetet och med såväl eftertanke som omtanke. Den som gör det utan medvetenhet kan oaktsamt råka plantera sådant som inte gagnar personen.

Att pracka på andra sina svar

I vissa delar närbesläktat men kanske inte lika illa är att pracka på andra sina svar istället för att ge dem möjligheten att finna sina egna. Den bästa vägledningen som en människa kan få är den som bubblar fram ur sanningen inom dem själva och den bästa vägledaren leder tillbaka människan till sig själv.

Sen kan det såklart komma till en punkt där personen faktiskt behöver en del svar eller inspiration för att komma vidare, eller behöver höra en obekväm sanning för att komma loss. Den kan också behöva hjälp att minnas det som hänt under ceremonin. Men det är såklart inte vad jag menar här, utan det är attityden av att "nu ska jag som vet så mycket bättre lära dig" som är problematisk.

Beröring och sexualitet

Beröring kan vid icke-ordinära sinnestillstånd vara ljuvligt, lustfyllt, spännande och terapeutiskt men kan under olyckliga omständigheter också leda vidare till oönskad intim kontakt. Prata på förhand igenom vilka gränser och vilken slags beröring, om någon, som är välkommen. Och försäkra er under resan än en gång om att det är välkommet om upptäckandet leder dit.

I sammanhang där det finns sköra människor som söker vägledning kommer det olyckligtvis också att dyka upp förövare som vill utnyttja situationen. Det har på senare år kommit allt fler anklagelser om övergrepp begångna av psykedeliska guider av olika slag och det faktum att det ofta sker i en kriminaliserad miljö gör det desto svårare att adressera problemen.

FÖRBEREDELSER

Intention och löften

Vad är ditt syfte med att vända dig till enteogener? Vad söker du svar på eller insikt kring? Ju tydligare du är med vad du söker, ju lättare är det att hitta det. Ett ofta använt ord för detta är intention.

En bra intention kan i regel sammanfattas i en eller några meningar eller frågor. Vissa intentioner är exakta, såsom att vi vill hitta svaret till en specifik fråga. "Vad kan jag göra för att läka min depression?", exempelvis. Andra intentioner kan vara generella men ändå kraftfulla, såsom "ge mig det jag behöver och styrkan att hantera det". Underförstått i den intentionen finns ett överlämnande av sig själv till det högstas vilja.

Att du har en avsikt med din resa tydliggör att du är öppen för att ta emot och arbeta med insikterna vilket gör det lättare för dig att göra det. Att inte ha en intention innebär att syftet blir diffust och mindre medvetet.

Arbeta på formuleringen av din intention så att den är tydlig, kraftfull och utan negationer. Säg exempelvis hellre "visa mig vägen till tillfrisknande" än "vad kan jag göra för att inte vara utmattad?".

Att släppa sin intention

Om min intention ligger i linje med det jag behöver så kommer svaren ofta snabbt och tydligt. Om min intention inte ligger i linje med det jag behöver så besvaras den kanske inte alls. Då kan lärdomarna bli otydliga.

Vid andra tillfällen kan enteogenen tydligt dra åt ett annat håll. Om du exempelvis är fokuserad på något mindre viktigt som händer i livet just nu så kan enteogenen istället peka på något viktigare som du försöker undvika. I sådana fall behöver du kunna släppa din intention och istället låta enteogenen leda dig till det som är mest väsentligt just nu.

Lägg alltså ner tid på att formulera en bra intention men var också beredd på att överge den om så behövs.

Guidens intention

Om du vägleder en annan bör din intention vara att göra det på bästa sätt. Det kan formuleras olika beroende på vilka föreställningar du har om det. Exempelvis kan en sådan intention innehålla ord om att få vara till hjälp för det högsta goda eller att arbeta utifrån hjärtat.

Löftet till mig själv

Ett sätt som jag tycker är särskilt bra för att förbereda mig mentalt är att uppriktigt lova mig själv att ta itu med det som dyker upp. Hur utmanande eller otäckt det än är så kommer jag att vara modig, våga se och arbeta igenom det. Om jag lovar mig själv att göra det så kommer jag att bli mindre benägen att försöka undvika obehagliga utmaningar och när jag möter dem kommer jag därför säkerligen att lösa dem.

Vi kan avlägga löftet till oss själva på olika sätt. Jag har vanligtvis gjort det i anslutning till ceremonins början på genom att:

- Försätta mig i ett meditativt tillstånd.

- Tala tydligt till mig själv och fritt från hjärtat upprepa löftet om att jag kommer att ta itu med det som dyker upp, hur obehagligt det än må vara. Detta görs till dess att hela jag är genomsyrad av löftet som jag gett mig själv.

- Tacka.

Löftet till varandra

– Jag tycker att det är tråkigt att sitta här med dig så nu går jag.

Han reste sig upp och gick. Vännen som hade en väldigt jobbig upplevelse på LSD satt övergiven kvar och visste inte vad han skulle ta sig till.

•••

Lämna inte en vän som behöver dig.

När vi reser tillsammans är det viktigt att vi också tar hand om varandra. Just nu är det kanske den andra som behöver hjälp men nästa gång kan det vara du som behöver det. En persons nöje är inte viktigare än en annans välmående och det är inte ovanligt att behöva lägga sin egen resa åt sidan en stund för att stötta någon annan. Prata på förhand igenom hur ni hanterar situationer om så behövs.

Set, setting och andra faktorer

De två mest uppenbart avgörande bakgrundsfaktorer som leder oss till att ha en viss upplevelse är de som kallas set och setting. Begreppen ska ha myntats av Timothy Leary 1961 när han i egenskap av psykologiprofessor vid Harvard undersökte svamp och LSD.

Set

Set är i första hand en förkortning av ordet mindset. Var befinner du dig mentalt och känslomässigt just nu? Vad händer i ditt liv? Din upplevelse kommer på ett eller annat sätt att återspegla vad som pågår i ditt liv och vad du behöver just nu. För att känna dig trygg i upplevelsen bör du befinna dig i ett sinnestillstånd där du är kapabel, villig och beredd på att hantera de utmaningar som du ställs inför. Den som är ovillig eller oförmögen att möta sig själv och att göra förändringar i sitt liv kan i värsta fall fastna i ett mardrömslikt tillstånd.

En klok vidareutveckling av ***(mind)set*** är att lägga till ***heart set*** och ***skill set***.

Heart set är ditt hjärtas längtan och den är inte nödvändigtvis medveten. När jag först tog LSD var jag helt ointresserad av att sluta dricka alkohol men inuti mig, omedvetet för mig, fanns en längtan långt in i själen att sluta. Därför var det också det som hände.

Skill set är de verktyg som du och de du reser med har för att arbeta med och hantera olika tillstånd. Terapeutiska eller somatiska tekniker, meditation och kreativa uttryck är alla verktyg som kan vara till stor hjälp för att navigera och avkoda upplevelsen. Den som står utan verktyg eller uppfinningsrikedomen att hitta på egna kan få det besvärligt att navigera upplevelsen och utvinna insikterna ur den.

Setting

Detta är omgivningen. Var är du? Vem befinner du dig där med? Känner du dig trygg? Mina bästa upplevelser har varit med mig själv, med ytterligare en person eller med en liten grupp av vänner som jag tycker om och känner mig trygg med. Och framför allt så har de hållits i naturen.

Placera dig i tanken på olika platser och med olika människor och känn hur väl det återspeglar vad du vill åstadkomma. En trädgård. I vacker natur. I en stuga vid en sjö. I en ateljé. På ett rejv. I en pub. På ett sjukhus. I en bil. På en båt. I en ceremoni. Med en shaman. Med vänner. Med mobbare. Med fyllon. Med dina föräldrar. I ett stökigt studentrum.

Det finns oändligt många kombinationer och några av dem är uppenbarligen dåliga. Se till att dina val bäddar för en bra upplevelse som ligger i linje med vad du vill uppnå.

Dos

Dosen är naturligtvis betydelsefull men inte alltid så avgörande som man kan tro. Är allt annat detsamma är det rimligt att förvänta sig att en hög dos leder till en kraftfullare upplevelse än en låg men i regel får man det man behöver oavsett dos. Därför kan en låg dos ibland vara lika omvälvande som en hög, om det är vad personen behöver.

Universums vilja

Annat som påverkar vår upplevelse ligger bortom vår kontroll. Enteogenerna kan ha en egen agenda. Vi kan ha med oss livsuppgifter som vi bestämt åt oss själva innan vi återföddes här men som vi är omedvetna om i nuet. Kanske är vi inte där för vår egen skull utan för någon annans.

Vi kan omöjligt på förhand helt säkert veta vad vi kommer att möta men vi kan bestämma vad vi sedan gör av det. Bara för att en dörr öppnas måste vi inte kliva genom den. Även om det är vår väg så kan vi när som helst välja annorlunda eller skjuta upp beslutet tills vi hunnit kontemplera det.

Det vi ibland kan göra på förhand är att bestämma hur vi hanterar saker och vilka gränser vi har innan vi befinner oss i en situation. För några är det exempelvis otänkbart att inte utföra det Gud ber om. Andra känner så starkt motstånd till något att inte ens Gud skulle kunna förmå dem att göra det. Genom att reflektera över sådant kan vi vara bättre förberedda när vi ställs inför valet.

Dåliga upplevelser

Dåliga upplevelser med enteogener börjar nästan alltid med att personen:

- haft fel inställning
- befunnit sig i en olämplig miljö
- varit med människor som den inte känt sig trygg med
- inte varit beredd på eller förmögen att hantera det som dykt upp

Var inte den personen. Tänk igenom vad du gör. Enteogener är inte något bland allt annat utan mycket specifika och kraftfulla mediciner och allierade. Hantera dem med respekt och du kommer att vara trygg. Hanterar du dem istället respektlöst och utan eftertanke kan du komma att ångra det.

Realistiska förväntningar

När vi hör berättelser om mirakulöst tillfrisknande så är det lätt att tro att det är det vi ska förvänta oss. Visst händer det att människor tillfrisknar med en enda session men det är inte en realistisk förväntan att ha.

Enteogener läker oss vanligtvis inte utan visar oss i regel vad vi behöver göra för att läka oss själva. I de flesta fall får vi med oss medvetenhet eller insikter kring vår problematik och kanske också verktyg för att komma vidare i vår process men därefter väntar kanske ett omfattande arbete som kan ta lång tid. Det är inte heller rimligt att tro att enteogenen kommer att vara det enda verktyget som behövs på resan.

Respekt för enteogenen

Om man förstår att enteogener de facto är kraftfulla entiteter som hjälper oss att arbeta med oss själva så säger det sig självt att man ska möta dem med respekt. I traditionella sammanhang återspeglas detta ofta i ceremonin och i vetenskapen återspeglas det i de protokoll man upprättar. Respekt bör dock inte förväxlas med tradition, ceremoni eller protokoll. Att vara respektfull innebär att ha goda avsikter, vara villig att utvecklas och att möta enteogenen som den lärare och hjälpare den är. Att integrera de insikter du har fått är också ett sätt att visa respekt. Respekten syns i hur vi förbereder oss för att möta enteogenen, i vilken inställning vi har och hur vi behandlar våra medmänniskor och Moder Jord.

Det finns många sätt att vara respektlös. Det kan exempelvis vara att man använder enteogenen som en drog, använder den med onda avsikter, behandlar andra illa eller blandar den med smutsiga substanser.

Dosering

För en normal tripp, ta en tredjedel av påsens innehåll.
För att bli shaman, ta hela påsen.
Instruktionen till den första påsen svamp jag köpte.

Att beräkna dosen är att försöka avgöra vilken mängd som krävs för att få avsedd effekt. Den första frågan att ställa sig är därför vad den avsedda effekten är. Vad är syftet med min resa och vilket tillstånd vill jag försätta mig i för att bäst uppnå syftet?

Dosen är individuell. Det som är en hög dos för en kan vara en förhållandevis hanterbar dos för en annan.

Mikrodos. En mikrodos är så pass liten att vi enbart känner av den subtilt om vi medvetet känner efter. Den kan exempelvis vara lämplig när vi vill:

- lära känna eller knyta an till en enteogen
- bibehålla kontakten med enteogenen efter en resa på en högre dos
- öka välmående och minska depressiva inslag
- stimulera neuroplasticitet och neuroregeneration
- öka kreativitet

Om man vill använda mikrodosering för att knyta an till eller bibehålla kontakten med en enteogen rekommenderar jag att kombinera intaget med meditation och att vara uppmärksam på kommunikation. När det används för att minska depressiva inslag och stimulera neuroregeneration är det vanligt att kombinera med kosttillskott.

Låg dos. En låg dos är märkbar men också hanterbar. Det är förhållandevis enkelt att utföra vardagliga sysslor och ha social kontakt men också att få tillgång till andra sätt att uppfatta sin omvärld. Ett sådant tillstånd kan lämpa sig för:

- kreativ problemlösning
- en coachande/samtalsbaserad resa där personen behöver nya ögon på sin situation
- en van psykonaut att resa i sammanhang som kräver interaktion med människor som inte är införstådda med att personen använder enteogener
- att gå på fest eller klubb och dansa

Mellandos. Här är effekterna så pass märkbara att personen stundtals kan ha svårt att kommunicera med andra eller förstå vardagliga förehavanden. Här är det viktigt att den som tar enteogenen känner sig trygg och har möjlighet att vara med sig själv om så behövs. En sådan dos kan vara lämplig för:

- en ledd ceremoni tillsammans med andra där alla använder enteogener
- en terapeutisk session där en väsentlig del av arbetet företas inåt med meditation och själviakttagelse
- en session dedikerad till att lära sig eller gå på djupet med något
- en ledd vandring i naturen
- att gå på rejv eller festival där enteogener är välkomna

Hög dos. Vid en hög dos kan personen under en stor del av sessionen ha svårt för att kommunicera, hantera sådant som den är van vid att hantera eller ens stå upp. Här är det särskilt viktigt att personen befinner sig i ett sammanhang som är tryggt och tillåtande. En hög dos kan vara lämplig för:

- att bryta igenom tillstånd där personen försöker hålla sig kvar i den vanliga verkligheten
- en tyngre terapeutisk session eller ceremoni där personen går på djupet med sig själv
- en visionsresa
- att få tillgång till andra verkligheter

Förberedelser som optimerar effekten

Mat. Med de enteogener som intas oralt gäller generellt att inte äta från cirka 4 timmar innan intaget och att innan det enbart äta lätt. Effekten ökar avsevärt på tom mage.

Om den som tar enteogenen är särskilt känslig för blodsockerfall kan det vara bra att istället justera ner maten till det minimum som personen klarar av och om nödvändigt höja dosen något.

Hålls en längre diet, vilket exempelvis är vanligt med ayahuasca, så är det för att rena kroppen. Då avråds man exempelvis från alkohol, nikotin, kött, mjölkprodukter, socker, aspartam, koffein, stark mat och sex. En sådan reningsprocess förstärker också effekten.

Sömn. Ett sätt att underlätta övergången till andra medvetandetillstånd är att vara något trött. Har vi ett sinne som försöker klamra sig fast vid den vanliga verkligheten så avtrubbas dess förmåga att göra så när det är trött.

Avsätta tid. Precis som med allt här i livet så behöver vi vara närvarande för att få ut det mesta av någonting. Lägg annat åt sidan och hänge dig åt din resa med enteogenen så kommer du djupare.

Annat som påverkar effekten

Kropp. Även om det finns ett svagt samband mellan kroppskonstitution och dos, så har jag sett så många undantag att det är uppenbart att kroppskonstitutionen är av underordnad betydelse. Däremot kan människor ha obalanser och kanske också genuppsättningar som gör dem mer eller mindre mottagliga för enteogener.

Sinne. I normalpopulationen verkar det snarare vara vårt sinnes konstitution som avgör vad vi klarar. Min generella upplevelse är att människor som är trygga, accepterande och står stadigt både förnimmer lägre doser och klarar av högre doser. Människor som däremot är inskränkta, låsta i uppfattningar, rädda och vacklar inombords kommer medvetet eller omedvetet att försöka hålla sig kvar i den vanliga verkligheten. Det gör att de kan behöva en något högre dos för att bryta igenom men samtidigt är känsligare än andra för en alltför hög dos. Här är det desto viktigare att landa på rätt dos.

Personens behov och universums vilja. Det mest avgörande verkar dock vara vad personen behöver och vad universum kokar ihop åt den. En förhållandevis liten dos kan ge en oerhört kraftfull upplevelse om personen behöver och är redo att ta emot det. Sådan var min första resa på LSD som trots den förhållandevis låga dosen gav en så pass kraftfull upplevelse att mitt liv delades upp i ett före och ett efter.

Tidigare intag

Flera enteogener bygger snabbt upp en tolerans i kroppen vilket innebär att det behövs en högre dos om man redan nästa dag vill försöka nå ett liknande tillstånd. Jag säger liknande eftersom den nästföljande resan ofta inte kommer att vara lika kraftfull som den första även om dosen ökas.

Enteogener som binder till samma receptorer ökar toleransen även mellan sig. Tar du exempelvis LSD idag och tänker ta svamp imorgon kan svampdosen behöva ökas något för att kompensera den ökade toleransen efter LSD. Detta gäller exempelvis mellan LSD, svamp (psilocybin), San Pedro/peyote (meskalin) och fröer som innehåller LSA. Den snabbt ökande toleransen gör det ohållbart att ta liknande enteogener flera dagar i rad och förvänta sig snarlika effekter. För att återställa toleransen behöver man avstå intag i 3-7 dagar.

Tidigare intag av andra substanser kan också påverka resan. Alkohol, nikotin, cannabis och centralstimulerande medel såsom kokain, amfetamin och koffein kan alla påverka kroppen på sätt som spiller över i upplevelsen med enteogener.

Hur lättpåverkad är personen?

Om personen inte har tidigare erfarenhet av enteogener kan annat substansbruk ibland vara en indikator på hur lättpåverkad personen är. En person som exempelvis är mycket lättpåverkad av såväl alkohol som cannabis kan också antas vara lättpåverkad av enteogener.

Att bestämma dosen

För att bestämma dosen behöver vi väga samman allt detta:

- Vad är syftet/intentionen och vilket tillstånd eftersträvar personen för att bäst kunna arbeta med det syftet?

- Hur väl har personen förberett sig mentalt och fysiskt?

- Hur väl ligger set och setting i linje med intentionen?

- Hur lättpåverkad kan personen antas vara och vad i personens liv kan antas öka eller minska effekten?

Med allt detta taget i beaktande landar vi på en förmodat lämplig dos. Den som arbetar med verktyg såsom tarotkort, pendel eller liknande kan därefter kontrollera dosen med ett sådant verktyg. Meditation med de olika doserna kan också vara ett sätt att fälla det slutliga avgörandet.

Exempel: Att bestämma dosen

Jag ska för första gången ta ayahuasca och en vän som jag känner mig trygg med ska leda ceremonin. Vi har på förhand pratat igenom min intention vilken är att nå ett genombrott i läkandet av mitt inre barn. Jag har förberett mig noga såväl med den diet som hålls inför en ceremoni men också genom att meditera med min intention att läka och komma vidare. På dagen känner jag mig förväntansfull, väl förberedd och har avgett ett löfte till mig själv att ta tag i det som kommer upp under min resa.

Jag har förvisso inte tagit ayahuasca tidigare men jag är bekant med såväl svamp som San Pedro där jag känt mig trygg med förhållandevis höga doser. I samtal med min vän landar vi därför på att ta en mellandos som drar åt det högre hållet. För att bekräfta detta drar vi tarotkort för doser mellan åt det lägre, mellan åt det högre och hög. Det första kortet visar tankar som sitter fast, nästa visar ett barn som upptäcker sin omvärld och det sista visar ett kaos. Med tanke på mitt syfte dras vi båda till kortet med barnet vilket bekräftar det vi redan hade resonerat oss fram till.

Att blanda substanser

Jag hade kvar lite slattar av allsköns olika cubensis-svampar.
– Äh, svamp som svamp, tänkte jag. Den aktiva ingrediensen är ju ändå psilocybin.

Efter att ha druckit svampteet så la jag mig ner för att meditera in svampen.

Kaos.
Kakofoni och ilska.
En mängd olika entiteter som pratade i mun på varandra.

Det var en ansträngning att återfå någon slags kontroll men efter ett tag lyckades jag få kontakt med en entitet som liknade en sjöko. Med sitt lugn lyckades den få de andra att lugna sig. Sedan förklarade den utförligt för mig hur otroligt dum och respektlös jag var som blandade olika entiteter så. Även om vi människor med vår rudimentära kunskap om kemi kan spåra en viss kemisk formel i alla dessa svampar så är de ingalunda desamma. Varje svamp eller växt har sin specifika energi som bland annat påverkas av hur den vuxit och var den kommer ifrån. En vild svensk toppslätskivling är väldigt olik en odlad kambodjansk cubensis även om effekterna på ytan kan tyckas likartade. Plantlärare kommer med olika minnen och kunskaper, förklarade sjökon.

Därefter fick jag möta varje entitet för sig själv och mångordigt be om ursäkt och lova att aldrig blanda dem så igen. Jag skämdes som den lilla människa jag var.

• • •

När vi arbetar med naturliga enteogener så arbetar vi med olika intelligenser eller entiteter. De kommer överlag mycket bra överens men det är inte alls självklart att de vill trängas med varandra. Det kan tvärtom vara mycket respektlöst att blanda dem.

Om du vill blanda två eller flera substanser så fråga den enteogen du primärt arbetar med om det är okej. Det görs lättast genom att meditera med enteogenen och vara uppmärksam på svaren.

Jag upplever att enteogenerna oftast är negativa till att blandas med smutsiga substanser såsom alkohol, nikotin eller läkemedel. När flera enteogener ska intas så görs det i många fall bättre efter varandra än blandat med varandra. De flesta enteogener funkar förhållandevis väl med cannabis men jag upplever likväl att cannabis ofta är olämplig att blanda med enteogener. Den kan i många fall förvirra eller förvränga upplevelsen och dras dessutom med en missbrukspotential. Med det sagt så kan cannabis korrekt använd vara ett bra verktyg för att dyka djupare och komma i kontakt med det vi redan vet.

Shamaner, sitters och andra

Det finns många anledningar till att vilja ha med sig någon på sin resa. Den som är ovan kan ha det för att känna sig trygg, det kan finnas aktiviteter på schemat där det vore bra att ha med sig någon nykter eller det kan göras fördjupat terapeutiskt arbete där en shaman eller terapeut behövs för att leda det.

Oavsett vem det är och vilken funktion de fyller så är det viktigt att det är någon som vi känner oss trygga med, som är orädd och som förmår låta oss ha vår egen process utan att projicera sitt eget på oss.

Shaman

Eftersom ordet shaman kan inrymma många olika traditioner är det vanskligt att generalisera men ska jag ändå våga mig på att göra det så skulle jag säga att shamanens arbetssätt inkluderar kontakter med andevärlden och Moder Jord. En shamans arbete är dock inte avgränsat till det som uppfattas som andligt utan kan låna tekniker från många arbetssätt. En shaman som arbetar med enteogener har troligtvis något slags ceremoniellt ramverk och en personlig relation till växten, svampen eller substansen.

Shamanen är en god följeslagare när vi vill möta enteogenen i ett sammanhang som betonar andlighet och tradition. Det är till den vi vänder oss om vi exempelvis vill få kontakt med tidigare liv, lösa karmaknutar eller arbeta med Moder Jord och änglar. Då olika traditioner kan ha väsentligt olika uppfattningar om världens beskaffenhet och hur vi bör möta det gudomliga så kan det vara klokt att undersöka om det stämmer överens med våra egna föreställningar.

En del enteogener såsom ayahuasca och San Pedro har förvaltats inom särskilda traditioner. De kan naturligtvis användas även utanför dessa men den som söker kunskap med mångtusenårig historia bör vända sig till shamaner från dessa traditioner.

Det är vanligt att shamanen också tar enteogenen när den arbetar med en, men det finns tillfällen då det enbart är shamanen eller den som blir behandlad som tar den.

Terapeut

Terapeuten har sin verktygslåda med tekniker som exempelvis kan innefatta sådant som samtal eller somatiskt arbete. Den kan också låna från andliga traditioner på samma sätt som shamanen kan låna från terapeutiska sådana.

Det har diskuterats om en terapeut nödvändigtvis behöver ha en personlig relation till enteogenen den arbetar med eller om det räcker att den har sin terapeutiska verktygslåda. Min personliga åsikt är att den som arbetar med enteogener bör ha en egen relation men det betyder inte nödvändigtvis att den också tar enteogenen under sessionen.

Fram till 1960-talet bedrevs mycket forskning kring terapeutisk användning av enteogener men i och med kriminaliseringen gick den verksamheten under jorden. Sedan millennieskiftet bedrivs det åter forskning vilket leder till att terapeutiska modeller på nytt utvecklas och det finns idag utbildningar för terapeuter som vill inkludera enteogener i sitt arbete. Terapeuten har inte nödvändigtvis en tradition att luta sig mot men är den skicklig och verktygen bra så behövs det inte alltid.

Guide

En guide är någon som varken titulerar sig som shaman eller terapeut men som vanligtvis har gedigen erfarenhet av enteogener och därför känner sig bekväm med att guida andra i deras upplevelser. Guiden lånar ofta friskt från såväl shamanska som terapeutiska traditioner men utan att nödvändigtvis vara bunden till något ramverk.

Den träning som en shamansk eller terapeutisk tradition innehåller kan upplevas som en kvalitetsstämpel på behandlingen de ger. Till syvende och sist är det dock personens lämplighet, erfarenhet och förmåga att stötta den specifika personen som de arbetar med som avgör hur väl de kan hjälpa. I många fall är det viktigare att personen som stöttar har egen erfarenhet av problemet än att den är utbildad. Jämför exempelvis med en missbrukare som ofta kan bli bättre hjälpt av någon som själv blivit nykter än av en utbildad behandlare som inte gjort samma resa.

Sitter

En sitter är någon som är nykter vid tillfället och vars huvudsakliga uppgift är att skapa en trygg atmosfär och hantera praktiska göromål. Många känner sig tryggare i vetskapen om att någon i rummet är nykter och kan hantera sådant som dyker upp. Det kan exempelvis vara att hämta vatten, hålla någon i handen, prata med främmande personer eller framföra fordon.

Det kan vara önskvärt att sittern har egen erfarenhet av enteogener men då den inte är där för att fylla en terapeutisk roll så är det viktigare att den är avslappnad, trygg och låter personen ha sin egen process utan att störa.

För den som företar sin upplevelse utanför ett organiserat sammanhang kan en vän vara en bra sitter.

Team

Vid en organiserad ceremoni med flera deltagare finns ofta flera av dessa roller samtidigt. Teamet kan exempelvis bestå av en eller flera shamaner som leder ceremonin med stöttning av någon terapeut, en sitter och några hjälpare som sköter det praktiska runtomkring. När vi organiserar en sådan ceremoni är det viktigt att på förhand tänka på vilka roller och ansvarsområden vi har och på vilka sätt de kan överlappa.

I sällskap av vänner

Shamaner, terapeuter och guider i all ära men i många fall är det inte intressant att blanda in någon annan att leda eller arbeta med en under resan. Att resa i vänners sällskap kan vara precis lika bra och i många fall mycket bättre.

Då är det viktigt att tillsammans ta ansvar för att upplevelsen blir trygg och givande. Ta hand om varandra och var på förhand överens om vad ni vill göra. Sätt intentioner, avlägg löften och befinn er i ett sammanhang som ni alla känner er trygga i. För att undvika onödiga krissituationer bör ni vara vaksamma på om någon befinner sig i ett mindset som inte är lämpligt för en upplevelse med enteogener.

Precis som upplevelser med enteogener kan vara oerhört betydelsefulla för individen så kan de också vara det för gruppen. När vi reser tillsammans kan det ge oss möjlighet att dela djupt meningsfulla upplevelser, se varandra med nya ögon och skapa nya band mellan oss.

En egen cirkel

Den som är mer hängiven sin resa med enteogener och har bekanta som också är det kan med fördel investera tid i att skapa sitt eget sammanhang. För att komma igång kan man organisera egna retreats dit man bjuder in shamaner att dela med sig av sin kunskap. Med tiden kommer kunskapen inom gruppen förmodligen vara så pass god att ni känner er trygga i att själva hålla i sammanhanget.

Att resa själv

Den som är trygg i sig själv och med enteogenen kan med fördel företa egna resor. I det läget är man ensam ansvarig att planera sin upplevelse så att den är trygg. Egna resor är vanliga när vi vill gå på djupet och ha ett personligt möte med enteogenen utan andra störningsmoment.

Självkännedom

Hur väl andra än vill oss och hur trevliga de än må vara så är det ofta en distraktion att ha andra människor omkring oss. De vill prata med oss, göra saker och kräver vår uppmärksamhet även när de är tysta. När vi reser själva får vi möjlighet att vara med just oss själva. Anledningarna att vara det är naturligtvis många. Det kan exempelvis vara att hitta vår inre röst, bearbeta personliga trauman eller reflektera över vårt hem och vår plats i alltet.

För sådana ändamål är meditation ett centralt verktyg för mig men det kan exempelvis också vara skapande aktiviteter, sång, dans, lek, vandring, träning eller rent av städning. Allt som på något sätt sätter oss i kontakt med oss själva och vår omgivning kan vara bra verktyg.

Lärande

Enteogener är ofta ypperliga verktyg för den som vill utvecklas, utforska och lära sig nya saker. Det kan vara lätt att gå upp i något och känna subtila skillnader som vi i vårt vardagstillstånd förmodligen inte skulle märka. Eller att se saker i ett ljus som vi annars inte hade tänkt på. Många som tänkt annorlunda, från nobelprisvinnare och företagsledare till idrottare och musiker, menar att enteogener varit avgörande för deras förmåga till nytänkande.

Platsen

Många ceremonier med enteogener sker på en tydligt avgränsad plats såsom ett rum, en kyrka eller i ett tält. Detta har jag framförallt upplevt med ayahuasca där deltagarna under merparten av ceremonin förväntas ligga eller sitta på sina mattor och meditera medan shamanen går runt och arbetar med var och en. Vid sådana ceremonier är belysningen ofta sparsam för att begränsa de yttre intrycken. Lämnar sin plats gör man för att gå på toaletten eller för att man av annan anledning behöver tid borta från gruppen. Det är ett sätt som fungerar mycket bra med ayahuasca.

Det finns många fördelar med att befinna sig på en avgränsad plats, särskilt när många deltagare är inblandade. Framförallt är det lättare att ha kontroll över vad som händer och det blir lättare att ha sina saker tillgängliga. Många shamaner har en rik samling föremål som de dukar upp och använder sig av under ceremonins gång.

Naturnära

Även om ceremonin hålls inomhus så är det i min mening att föredra att vara på en plats där man lätt också kan vistas utomhus och ha nära till natur, om det så bara är i form av en trädgård. Ännu bättre om det är avskiljt från andra hus så att man varken störs av annat som pågår eller oroar sig för att störa andra.

På vandring

Jag föredrar att istället arbeta utomhus, i nära kontakt med naturen och på vandring, vilket är vad svampen dirigerar mig att göra. Det kräver eftertanke gällande vad jag packar med mig men naturen ger å andra sidan många andra möjligheter. Tre saker som är särskilt positiva med att utföra arbete med enteogener till fots är att man utnyttjar rörelseenergin, att man skapar en berättelse och att man tar hjälp av Moder Jord och de väsen som vistas i henne.

Vilka miljöer som passar bäst beror på resans syfte. Exempelvis är rinnande vatten bra när vi vill släppa taget om något eller tvätta rent oss, träd och jord bra för jordning, och utsiktsplatser bra för känslan av frihet.

Vill vi dessutom slå läger utomhus är det bra att hitta en miljö som är i samklang med vår intention.

Fysiska förberedelser

Om ceremonin ska hållas på en väl avgränsad plats bör den först renas. Innan vi renar platsen på något annat sätt så rengör vi den fysiskt, det vill säga städar, dammsuger och ställer i ordning. Därefter kan vi exempelvis rena energimässigt med trumma, skallra, rök och sång. Vibrationerna från trumman och skallran skakar loss och hjälper oss att ta bort gammal stagnerad energi medan röken skingrar och sången fyller på med ny energi.

När jag renar så går jag medurs runt varje rum och är lite extra noga att nå alla vrår och skrymslen där det kan tänkas att energi stagnerat. När jag använder salvia eller gråbo för rök så brukar jag stanna till vid dörrar och fönster och tydligt uttala att enbart det som vill mig väl är välkommet att komma in här. Efteråt är det skönt att också vädra.

Levande ljus och friska dofter kan ytterligare höja stämningen, men var såklart noga med att inte lämna ljus obevakade.

Att vara fin

På samma sätt vill vi inför en ceremoni rena oss själva så att vi känner oss fina inför mötet med det gudomliga. Duscha och ta på rena kläder som du känner dig fin i. Vid ceremonier i ett avgränsat utrymme är det vanligt att människor också pyntar sig. Shamaner som arbetar på det sättet har ofta vackra kläder och huvudbonader, vilket kan förstärka en känsla av högtidlighet.

På samma sätt som med platsen är det vanligt att också göra en reningsritual med exempelvis rök, blomstervatten eller trumma och skallra.

Att vara praktisk

Mycket av det som kan höja en platsbunden och förhållandevis stilla ceremoni kan emellertid vara väldigt opraktiskt om man rör sig utomhus. Själv tycker jag i sådana fall att det är viktigare att vara funktionell än vacker. Därför brukar jag exempelvis ha arbetsbyxor med knäskydd på mig eftersom jag ofta hamnar på knä när jag arbetar med folk eller vill undersöka saker.

Tänk noga igenom vad du kan behöva ha med dig om du ska vara utomhus. Att hålla sig varm, torr och ha med sig tillräckligt med vatten är viktigt för en bra upplevelse. Annat som kan vara bra att ha med sig är ficklampa, telefon och en enkel första hjälpen-förpackning. Ha telefonen på flygplansläge och slå bara på den om den verkligen behövs.

RESAN

Nu är du redo

Den i min mening bästa inställningen att ha till att närma sig enteogener är att ha tillit till sig själv, till medicinen och till processen. Vet att du kommer att ledas rätt.

Var uppriktig i din vilja att arbeta med det som kommer upp och vet att du är förmögen att göra så. Planera din session så att den ligger i linje med din intention och gör så mycket förarbete som du klarar av. Vad som kommer sen är svårt att sia om på förhand men var beredd på att ta dig an det efterföljande arbetet.

Nu är du redo.

Ett ceremoniellt ramverk

En ceremoni är en symbolisk handling som vi utför medvetet och med intention att exempelvis markera en början, kalla in stöd eller förankra vår avsikt. I förhållande till en resa med enteogener så innehåller den förmodligen samtliga dessa exempel och fler därtili. Ceremonin kan sägas börja redan när vi arbetar med vår intention och renar platsen men här tänker jag istället fokusera på öppnandet av själva resan.

För enkelhetens skull förutsätter jag här att arbetet med intentioner, avlägga löfte till sig själv och sina medresenärer, ställa iordning platsen och duscha redan gjorts. Allt detta kan annars ges utrymme i ceremonin.

Rening

Som jag tidigare nämnt finns det många sätt att energimässigt rena sig inför upplevelsen. Jag arbetar i första hand med rök av gråbo, salvia eller palo santo. Jag upplever inte att ordningen som jag applicerar röken spelar någon större roll men när jag renar mig själv med rök brukar jag:

- Börja med att föra det glödande rykande knippet framför mig och med öppen hand vifta röken på mig själv med särskild uppmärksamhet på mina sex lägre huvudchakran, från roten till tredje ögat.

• Därefter efter bästa förmåga göra detsamma för ryggen.

• Sedan håller jag ut en arm i taget och för knippet under armen så att röken stiger uppåt. När jag når min öppna handflata stannar jag där en extra stund för att låta röken väcka mina handchakran.

• Ståendes för jag knippet på ut- och insida av ben innan jag lyfter på en fot och renar undertill och därefter gör jag samma med andra foten.

• Slutligen fokuserar jag på huvudet där jag för knippet runt huvudet medsols uppåt och avslutar med att dra allt mindre cirklar upp mot taket eller himlen. Allt som allt gör jag förmodligen 3-7 cirklar 3 gånger. Utöver att rena huvudområdet tänker jag mig att rörelsen kopplar upp mig.

• Skulle jag sedan känna att något område behöver mer så applicerar jag mer just där.

Renar jag någon annan så gör jag i princip samma rutin men istället för att styra röken med min egen hand så använder jag en fjäder eller vinge.

Öppna ett helgat rum

Med reningen gjord är det dags att bjuda in till ceremonin. Sittandes sluter jag ögonen, försätter mig i ett semi-meditativt tillstånd och välkomnar deltagarna och mig själv genom att tala fritt från hjärtat. Jag brukar då exempelvis leda en kort inlandning i stunden, påminna oss om varför vi gör det vi gör och tacka för möjligheten.

Därefter öppnar jag ett helgat rum där jag kallar in de hjälpare, energier och beskydd som jag vill ha med mig på resan samtidigt som jag tydliggör min intention med att kalla in dem. Det helgade rummet är inte en fysisk plats utan snarare en bubbla som omger oss och följer med oss dit vi går. Öppnandet av ett helgat rum kan exempelvis se ut såhär:

- Tänd ett ljus och försätt dig i ett semi-meditativt tillstånd.

- Säg vad det är som ska skapas, exempelvis "Härmed vill jag öppna ett helgat rum. Ett utrymme som följer med oss var vi än går och inom vilket vi alltid är trygga."

- Kalla sedan vid namn in energierna som du vill ha vid din sida och säg vad du önskar av dem, exempelvis ”Ärkeängel Ismael, jag vill bjuda in dig. Var den som framför andra håller vårt helgade rum säkert och tryggt. På vår vandring vill vi välkomna de väsen som vill oss gott att hjälpa och stötta oss. Håll sådant som inte vill oss gott på avstånd Ismael. Jag vill bjuda in den heliga svampen att arbeta med oss i vårt helgade rum. Visa oss vad vi kan göra för att läka och växa och stötta oss i det. Var med oss under vår resa och bjud gärna in till lek och glädje...".

Du bör ha en personlig relation till det du kallar in. Annars blir det inte mer än ett reciterande av ord som inte är dina.

- När jag kallat in de energier som jag vill ha med mig så brukar jag fråga om det är någon annan i cirkeln som vill bjuda in någon energi som de vill ha med sig.

- Tacka.

När resan trappas av och du börjar komma tillbaka till ett ordinärt sinnestillstånd där du inte behöver den extra hjälpen så är det dags att stänga det helgade rummet.

- Tacka energierna som du bjudit in, nämn dem alla vid namn och stäng sedan rummet. Det kan exempelvis låta såhär: "Jag vill tacka ärkeängel Ismael för att du hållit det helgade rummet tryggt för oss. Jag vill tacka svampen för arbetet som du gjort med oss. Tack alla. Och härmed vill jag stänga det helgade rummet. Tack."

Intag

Det finns ofta flera sätt att inta en enteogen men här kommer jag enbart att använda svampen som exempel. Svampen kan exempelvis ätas torkad, beredas som te, extraheras med citron eller göras till choklad. Oavsett vilket så närmar vi oss intaget med medvetenhet och tacksamhet, exempelvis genom att blunda, vara tyst och närvarande med enteogenen. Det kan vara fint att tacka samtidigt som man intar enteogenen.

Gällande svamp tycker jag att jag kommer närmst den när jag tuggar den så den som är nybörjare tycker jag absolut bör göra det som ett led i att lära känna svampen.

Meditera in i upplevelsen

I upptakten till att enteogenen når full effekt så är det bra att inte ha för mycket annat som behöver fixas. Det finns en risk att vi under den perioden, när det börjar krypa i kroppen på oss, börjar känna oss rastlösa och komma på saker som vi behöver göra. Allt sådant som vi kommer på att göra kan i själva verket komma att bli distraktioner om vi ger dem för mycket uppmärksamhet. Försök istället vara med enteogenen och ska du göra någon sista förberedelse så gör det långsamt och medvetet. I övrigt är meditation en bra ingång till upplevelsen.

Svampen lärde mig tidigt att just meditera in i upplevelsen. Det blir ett sätt att med tacksamhet ta emot och välkomna enteogenen, bjuda in den att arbeta med en och ge oss de bästa förutsättningarna att kommunicera.

Genom att meditera in i upplevelsen så ger vi oss möjligheten att till fullo integrera enteogenen. Yrar vi omkring och distraherar oss med sådant som samtal och musik missar vi en stor portion av kontakten. När vi integrerar enteogenen letar den sig ut i varenda cell och nervkoppling.

Det är också ett tillfälle att låta enteogenen arbeta med en. Ibland kan det ta sig formen av visuella berättelser eller gestaltningar där den rotar fram sådant som bekymrar oss och ger oss ledtrådar till lösningar. I andra fall kan det snarare mynna ut i ett samtal eller ett tillfälle för den att exempelvis lära oss en teknik som är relevant för oss. Men det kan också vara tystnad medan den arbetar i vår energistruktur.

Jag upplever ett samband mellan min förmåga att tyst betrakta och lyssna, och att kunna kommunicera med enteogenen.

Svampmeditation

En bra tid att meditera in i upplevelsen är precis när effekten av svampen börjar bli klart märkbar runt 30-45 minuter. Ha gärna ett täcke eller en filt så att du inte fryser.

- Sitt eller ligg i en position som är bekväm för dig.

- Blunda och andas avslappnat.

- Bjud in svampen. Säg exempelvis: ”Du är välkommen att arbeta med min kropp. Hjälp mig att läka, utvecklas och förstå. Visa mig gärna samtidigt vad du gör med mig.”

- Observera. Följ med.

- När meditationen är klar, tacka svampen och kliv upp.

Meditationen tar vanligtvis 20 till 60 minuter och det märks när den är klar. Svampen kommer att visa det tydligt men vi kan också behöva ha disciplinen att kliva upp om det är så att vi känner oss alltför bekväma.

Att navigera upplevelsen

Jag finner att det bästa sättet att navigera handlar om vårt förhållningssätt. Vissa sätt att se och närma sig omvärlden gör det betydligt lättare att hantera upplevelsen. Utan att göra anspråk på att vara heltäckande så är i min mening följande mycket hjälpsamt:

- att ha tillit till enteogenen, sig själv och processen
- att kunna släppa taget om kontrollbehov och förutfattade meningar
- att besitta en förmåga att följa flödet
- att förhålla sig öppen inför det som kommer till en
- att våga se, möta och finna acceptans för saker som de är
- att våga möta obehaget
- att vara trygg i vetskapen att saker kommer att ordna sig

Följ flödet

Den mest hjälpsamma liknelsen som jag funnit för upplevelsen är att det är som att befinna sig i en flod. Vi är som mest effektiva när vi simmar medströms eller låter oss föras med av floden, vilket är vad vi gör när vi möter och accepterar utmaningarna som enteogenen för oss till. När vi istället simmar motströms så försöker vi aktivt motarbeta upplevelsen och att klamra sig fast vid en förlegad föreställning är som att försöka hålla sig fast vid en utstickande rot samtidigt som floden drar i en. I båda fall så tröttar vi ut oss och kommer ingenvart.

Det gäller livet i stort men blir än tydligare i en session med enteogener där det kan vara rent plågsamt att motarbeta upplevelsen eller hålla fast vid föreställningar som inte längre gagnar oss. Släpp taget och följ med på resan istället för att göra motstånd. På så vis kommer vi både snabbare framåt och förs dit som vi behöver vara.

Möt utmaningen

Den bästa vägen ut är alltid genom.
Robert Frost

Det bästa sättet att möta en utmaning är genom att acceptera och gå in i den. När du möter utmaningen och bearbetar det som skrämmer dig kommer du så småningom att lösa ditt bekymmer. Det kan gå i en handvändning eller vara en resa som tar många år men är du hängiven din läkning och ditt växande så kommer du att komma ut ur det, klokare och fri från det som tidigare tyngde dig.

Tyvärr är många så vana vid att undvika obehag att det tar emot att möta problem, utmaningar eller rädslor. Istället för att möta obehaget är det vanligt att vi lägger locket på, distraherar eller bedövar oss. Så länge du försöker att undvika ditt problem så sitter du fortfarande fast i det. Att distrahera dig själv kommer inte att lösa problemet utan skapar bara mer stress.

När vi arbetar med enteogener kan en inställning som bygger på distraktion, bedövning och liknande vara rent skadlig eftersom enteogener arbetar i motsatt riktning. Enteogener höjer vår medvetenhet, låter oss komma i kontakt med vårt undermedvetna, synliggör våra bekymmer och visar oss lösningar. Det vi behöver göra är att acceptera och följa med på den resan. Är vi inte beredda att göra det så är enteogener inte rätt väg för oss.

Så när du står inför något, hur hemskt det än må tyckas vara, så är din bästa respons att acceptera och arbeta igenom det för att så småningom komma ut på andra sidan. Det gäller såväl i arbetet med enteogener som i livet i stort.

Ändra variabler i setting

Om du mår dåligt under en resa är det möjligt att du faktiskt har något som du behöver ta itu med. Acceptera och gå i så fall in i det. Det finns dock tillfällen när vi mår dåligt utan att kunna lokalisera varför. När obehaget inte orsakas av något inre så orsakas det av något yttre. När externa faktorer påverkar hur du mår så kan enkla förändringar i omgivningen snabbt få dig att må bättre. Du kan till exempel prova att:

- Ändra din kroppsställning.
- Undersöka dina kroppsliga behov. Behöver du gå på toaletten, dricka något eller är du för varm eller kall?
- Ändra musiken, stäng av den eller sätt på.
- Ändra belysningen.
- Göra något annat än det du gör.
- Byta rum, gå ut eller in.
- Byta sällskap.

Alla dessa variabler och många fler därtill kan påverka ditt välbefinnande utan att du märker det. Genom att medvetet ändra dem kan du räkna ut var problemet ligger. Den omgivning som du har valt har sina egna unika möjligheter som kan ändras för att förändra hur du mår.

Förändring är det enda som är konstant

Inget varar för evigt. Effekterna av växten, svampen eller substansen som du har intagit kommer så småningom att avta. Oavsett vad du upplever just nu så kommer det snart att bara vara ett minne. Det kan vara en tröst att minnas när saker är särskilt utmanande.

Utmanande upplevelser

Det bör dock också påpekas att utmanande eller skrämmande inte bör förväxlas med att någonting är dåligt eller fel. Precis som i livet i stort så rymmer de mest utmanande ögonblicken ofta också potentialen till de allra största genombrotten. Det är inte händelsen som avgör var vi slutligen hamnar utan hur vi hanterar den. Var modig, respektfull, accepterande, följ flödet och gör arbetet så uppenbarar sig ljusningen, läkningen och lärdomen.

Att förlora kontrollen

Tanken att förlora kontrollen är något som skrämmer många. Personligen har jag alltid tyckt att förlora kontrollen är ett märkligt sätt att beskriva tillståndet eftersom jag upplever att det på de flesta sätt faktiskt gör det motsatta. Genom att öka min medvetenhet kring mig själv och min omvärld så ökar min förmåga att navigera mitt liv istället för att omedvetet styras av sådant som är dolt i mitt undermedvetna.

Men oron handlar i första hand inte om det längre perspektivet utan om hur man reagerar i stunden och det beror till stor del på dos och var i resan vi befinner oss. Under peaken på en hög dos kan upplevelsen mycket riktigt vara överväldigande. Kanske kan vi då varken prata, gå eller hantera tekniska prylar. Vi behöver planera upplevelsen så att vi är trygga när vi befinner oss i det tillståndet. Under resans gång kommer peaken dock att lägga sig och man kan därefter tvärtom uppleva ökad tydlighet och kontroll.

Risken att göra dumdristiga saker på grund av kontrollförlust uppfattar jag som mycket ringa i en genomtänkt session och fortfarande mycket låga i en session som inte är genomtänkt. Alkohol är i sammanhanget betydligt farligare där det i många fall föreligger en mycket hög risk för dumdristigheter i samband med kontrollförlust.

Hallucinationer

En hallucination är något som kan uppfattas som externt och verkligt utan att det till synes finns något faktiskt yttre stimuli. En klassisk nidbild av hallucinationen är seriefiguren som ser rosa elefanter på fyllan. Den nidbilden lever kvar i det allmänna samtalet om sinnesförändrande substanser där hallucinationer ofta antas mena vanföreställningar utan meningsfull förankring i verkligheten. Sett ur det perspektivet vore hallucinationen något slags inre nonsens som kokats ihop av vår egen hjärna.

Inre hallucinationer

Få hallucinationer är emellertid meningslösa vanföreställningar. Snarare är de återspeglingar av vårt inre, såväl det medvetna som det undermedvetna. De är inte rosa elefanter sprungna ur ingenting utan är i allra högsta grad meningsfulla representationer av sådant vi bär med oss. Vi må uppleva att vi ser, känner eller hör något utanför oss själva men vid en inre hallucination kommer signalen i själva verket inifrån. Utmaningen är att avkoda hallucinationen. Vad är den ett uttryck för? På vilket sätt får den mening i förhållande till mitt liv?

Här är det relevant att återknyta till ordet psykedelisk som ju betyder sinnesavslöjande. Även hallucinationen är del av upplevelsen som hjälper oss att få syn på vad som rör sig i vårt inre.

Yttre hallucinationer

Jeremy Narby lägger i boken The Cosmic Serpent[7] fram en helt annan bild av hallucinationen. Enligt honom menar de sydamerikanska shamanerna han besökt att hallucinationen är en yttre företeelse. Vad enteogener gör är att öppna upp vårt seende så att vi kan se sådant som annars är dolt för oss.

I vårt vardagliga liv är våra sinnen avtrubbade. Det vi förnimmer till vardags är därför bara en bråkdel av allt som kan förnimmas. Med tiden glömmer vi att vi kunnat uppfatta så mycket mer. Vår världsbild smalnar av så att vi till slut tror att det enbart är de grövsta stimuli som är verkliga. Detta är illusionen som döljer tillvarons mer subtila uttryck. Enteogener kan upplösa den illusionen så att vi kan se vad som faktiskt finns där. De ger oss tillgång till andra verkligheter och möjligheter.

Både och, och mer därtill

Vad är då rätt? Hur bör vi förstå hallucinationer?

Båda är rätt. En del hallucinationer är tydliga återspeglingar av vad som rör sig inom oss. Andra är uppenbarligen verkligheter som ligger utanför vårt vanligtvis smala spektrum av varseblivning. Fel blir det när man tror att enbart ett av sätten att förstå hallucinationer är rätt och därför avfärdar den andra. Då saknar man förståelse för en otroligt stor del av vad som faktiskt händer.

Vi behöver också vara öppna för att hallucinationer kan röra sig bortom det ena eller det andra. När vi människor skapar två fack så lurar vi hjärnan att rätt svar finns i ett av dem när det lika gärna kan finnas i båda eller inget av dem. Men vi lurar oss också att det bara finns två fack när det kan finnas precis hur många fack som helst eller inga alls.

Att se karaktärsdrag och parasiter

Han har auktoritära drag så jag blev inte förvånad att se honom som en general under vår resa tillsammans.

•••

En vanlig sorts hallucinationer är att en människas karaktärsdrag uttrycks eller förstärks visuellt. Medan den som är auktoritär kan se ut som en general kan den som är ett busfrö ta sig skepnaden av ett skogstroll, den som har en inneboende trädgårdsmästare anta formen av en vis gammal man i naturen och den som är manipulativ och elak se rent grotesk ut.

Gränsen mellan vad som faktiskt tillhör personen och vad som tillhör en själv är dock sällan knivskarp så man bör inte låta det allena bestämma ens uppfattning om personen. Låt det snarare vara en av många ledtrådar som tillsammans skapar en bild.

Enteogener har också en förmåga att avslöja parasiterande energier som kontrollerar en persons beteenden. Hallucinationerna kopplade till det är sådana som Jeremy Narby skulle kalla yttre hallucinationer. Människor som har parasiterande energier har ofta märkliga egenheter för sig samtidigt som den styrande kraften bakom försöker dölja sig. Med enteogener är det ofta lättare att se igenom illusionerna som parasiten använder för att vilseleda.

En parasit som blir påkommen eller utmanad kan dock bli aggressiv. Ser du en parasit och inte är i en situation där du på ett tryggt och säkert sätt kan konfrontera och avlägsna den så låtsas att du inte ser den.

Den fetaste hallucinationen

– Shit, du måste komma och kolla den här blomman. Det är helt galet.

Vi stod där en bra stund tillsammans och förundrades över hallucinationen som vi delade. Blomman som bara. Wow. Tills vi började inse att det överhuvudtaget inte hände något med blomman. Den bara. Var. En blomma. Precis som blommor är. Helt fantastisk. En visuell orgasm helt i sin egen rätt.

•••

De är de fetaste hallucinationerna, de där ögonblicken då man står och storögt förundras över något i tron om att enteogenerna skruvat till upplevelsen men då det visar sig att de snarare fått vanans och vardagens slöjor och illusioner att falla bort. Kvar blir det som faktiskt är och sett med vakna ögon är det fullkomligt fantastiskt.

Ta hjälp av naturen och berättelsen

Redan i förra kapitlet berörde jag hur man istället för att befinna sig på en väl avgränsad ceremoniplats kan vara och röra sig i naturen. Låt mig fördjupa mig lite mer i det.

Naturen är i min mening en oändlig källa till kraft och läkning. När du inte längre klarar av att bära något så klarar Moder Jord det och behöver du släppa taget om något som inte längre gagnar dig så kan Hon absorbera och omvandla det.

Men naturen är inte bara en plats med terapeutisk potential som vi kan besöka. Det är vårt egentliga ursprung och hem, oavsett hur många väggar och skärmar vi omger oss med. I denna källa till vår existens finns många intelligenser med visdomen att ge god vägledning. Här finns berättelserna om vårt ursprung och vårt nu. I mötena med Henne slappnar kroppen av och börjar naturligt röra sig mot ett balanserat tillstånd.

Det finns många sätt att arbeta med enteogener men svampen har huvudsakligen instruerat mig att göra det i naturen och med inslag av vandring. "Det är där det händer" viskar den i mitt öra.

Rörelsen

Förändringsarbete handlar till stor del om förflyttningar. Om rörelse från ett tillstånd till ett annat eller från en position till en annan. När vi vandrar uppfylls vi av rörelseenergin och det som stagnerat inom oss lossnar. I det tillståndet är det lättare att också göra mentala förflyttningar.

Berättelsen

När jag rör mig ute skapas en berättelse som jag sedan kan använda för att bättre förstå min resa. Är vi flera på vandring har vi en gemensam berättelse att dra lärdomar ur i efterföljande samtal. Det kan exempelvis låta "Kommer du ihåg när du var orolig för att gå över bron och hur skönt det var när du tagit dig över?" eller "Minns du vad trädet sa till dig?".

Som guide under en sådan resa kan jag å ena sidan hjälpa till att skapa berättelsen och å andra sidan vara historieberättaren som minns den. Jag bidrar till att skapa genom att föreslå lekar och övningar som kommer till mig, dra med människor på äventyr och stötta dem i att övervinna sina utmaningar. Historieberättaren behöver å andra sidan vara så pass närvarande att den i efterhand kan plocka upp ämnen och situationer i samtalet och kanske också se en röd tråd i upplevelsen.

När vi ser tillbaka på upplevelsen i efterhand och försöker avkoda berättelsen så börja med att relatera den till intentionen. Det där som trädet sa till mig eller oron som jag övervann vid bron – hur talar det till min intention?

Andra hjälpare

Energier och väsen är ständigt i rörelse. När vi vågar oss ut på vandring öppnar vi samtidigt upp för nya kontakter. Vid ceremonins öppnande brukar jag när det ska vandras lägga till en inbjudan till dem när jag öppnar ett helgat rum. Det kan exempelvis låta så här: "Alla de energier och väsen som vill mig gott, som vill hjälpa mig att läka och växa, är välkomna in i mitt rum. Jag ber Ismael att hålla borta de med tvivelaktiga motiv."

Möten med andra energier kan vara särskilt viktiga delar av berättelsen och processen. Det kan vara en kontakt med någon som dött, ett träd som skänker visdom eller en plats som vill älska med en.

Lekar och övningar

Behöver man inspiration i sin naturvistelse så finns det mycket att hämta i barndomens lekar och från naturterapi. För det ändamålet har jag skapat *Naturterapikort*[8] som innehåller 58 övningar och utmaningar för lek och egenterapi i naturen. Bland övningarna i kortleken finns ett flertal som kommit till mig just under ceremonier med enteogener, medan andra har rötter i barndomens utforskande av skogen och i ceremonier som människan länge använt.

För mer information om Naturterapikorten, följ länken som du hittar på kontaktsidan sist i boken.

Lekfullheter

Enteogener är fantastiska lekkamrater. Å ena sidan öppnar de sinnesförändrade tillstånden upp för nya upplevelser och å andra sidan har enteogenerna själva ofta humor, i min upplevelse särskilt svampen.

Nedan följer en handfull lekfullheter som kommit min väg. Det bästa jag kan råda den som söker lekfullheter är att vara öppen för det. Lekfullhet är ett sinnestillstånd.

Dyka med valar

På en fest på landet hade vi parkerat vår bil med lite grönska omkring den. Vi tog LSD och någonstans mitt i upplevelsen satte vi oss i bilen för att värma oss. Pratet fortsatte varpå fönstren snart var hyfsat igenimmade. Vi slog till tändningen för att kunna spela en skiva varpå parkeringsljusen lockade fram diffusa skuggor runt bilen. På hög volym spelade vi sedan en valsångsskiva och föreställde oss att vi var på valexpedition i en liten ubåt. Valsången fyllde bilen och jag svär att jag genom imman kunde se valarna simma förbi som skuggor i bladverket.

Gå som en elefant

Det var rejvfest i skogen. Överallt verkade det finnas spännande miljöer men det var svårt att ta sig till dem eftersom terrängen var svårforcerad. Det tjocka blåbärsriset var en utmaning som dolde förrädiska gropigheter. Som människa var det påtagligt svårt att ta sig fram.

– Tänk er att ni är en elefant, föreslog min vän då.
– En elefant har sin snabel hängande framför sig och tar korta men stadiga kliv, från ena sidan till andra, förklarade hon.

För en yttre betraktare såg det förmodligen inte klokt ut. Men jag kan säga er ett djur som inte har några problem att gå genom svenskt blåbärsris – elefanten! Det är inte bara roligt att gå som en elefant utan också väldigt effektivt.

Senare provade vi också att springa som vargar och sväva som örnar.

Skåda moln

Som barn har nog de flesta någon gång sökt bilder i molnen. Cumulus-moln är särskilt bra på att locka fantasin att se kaniner, hästar och delfiner skutta fram över himlen. Befinner vi oss i rätt tillstånd öppnar enteogener upp helt nya upplevelser av den leken. Stundtals kan det vara meditativt att skåda moln men vid andra tillfällen är föreställningen energisk och expressiv.

Mörkret och rädslan

Jag stod vid stigens början och tittade in mot den mörka skogen. Så här i nattetid hade skogsbrynet vanligtvis varit något av en läskig portal till mörkret där inne men på LSD ersattes den irrationella rädslan av nyfikenhet och upptäckaranda.

Jag gick bort till skogsbrynet för att undersöka vad det var som var så läskigt med det. “Det är precis som i en skräckfilm” tänkte jag entusiastiskt vilket följdes av ett magkittligt “Vad spännande!”. Jag klev igenom skogsbrynsportalen och in i den mörka skogen. Sedan dess är jag inte längre mörkrädd.

Sex och fysisk beröring

– Vilken är den bästa settingen, frågade en i publiken Ann Shulgin.
– Sovrummet, svarade hon utan att tveka.
Efter en kort tystnad följt av skratt fortsatte hon:
– Det är ju så. Många av de här substanserna är fantastiska vid sex.

•••

Jag upplever att det i vårt samhälle finns en allmän ängslighet gällande allt som har med intimitet, sex och beröring att göra. Är syftet därtill terapeutiskt blir en del livrädda. Det finns självfallet en legitim oro som bland annat har att göra med att övergrepp faktiskt begås och vi behöver vara vaksamma på ovälkomna närmanden och övertramp i sammanhang där enteogener används.

Men med det sagt så finns det också en överlappning som är välkommen, välgörande, härlig och behövd. Enteogener kan exempelvis:

- öppna upp för helt nya upplevelser
- hjälpa oss att släppa begränsande föreställningar
- hjälpa oss att såväl ta emot som att ge kärleksfull beröring
- användas terapeutiskt för att läka trauma kopplat till tidigare upplevelser

Samtycke

När vi blandar enteogener med sex och beröring behöver vi vara överens om vad som gäller så att vi inte oavsiktligt träder över någons gräns. Det mest grundläggande är såklart att det finns ett samtycke till kontakten. Samtycket bör finnas på plats innan man tar enteogener och därefter åter bekräftas under resan, om det är så att man fortfarande vill.

Jag tycker inte heller att det räcker med enbart samtycke utan kontakten bör vara välkommen och efterlängtad. I annat fall är det bättre att avstå.

Intim kontakt

I en del sammanhang förespråkas sexuell avhållsamhet inför en upplevelse. Jag har framförallt sett det i förhållande till att arbeta med ayahuasca men har i vissa källor läst att det är ett senare påfund som puritanskt sinnade västerlänningar fört in. Jag vet inte hur det egentligen ligger till med den saken men har själv inte givits någon snarlik information gällande att arbeta med svampen.

Däremot bör man avstå från att ha sex inför en ceremoni, helt enkelt för att inte tömma sig på energi. Den sexuella energin är densamma som den kreativa. Vill vi bygga upp den kreativa och problemlösande energin inför en ceremoni kan avhållsamhet därför vara något som man väljer.

Intim kontakt upplevs olika vid olika stadier av upplevelsen. Vid peaken kan den vara svårgreppbar och rent förvirrande. Tömmer vi oss dessutom på energi vid peaken så kommer det att påverka resten av resan men intentionen kan naturligtvis vara att undersöka förvirring mellan lakanen. Annars är sex ofta att föredra senare under resan, när vi hunnit landa tillbaka i vår egen kropp och våra sinnen är förstärkta.

Oönskad kontakt

Det finns många sorters oönskad kontakt som kan ske vid en ceremoni med enteogener. Jag vill tro att vi alla förstår vad oönskad sexuell kontakt är och att vi är överens om att det inte är något vi vill ha i sammanhanget. Därför vill jag ge några andra exempel på oönskad kontakt som vi kanske inte är lika medvetna om och som i många fall härstammar från omtanke som inte parats med inkännande.

Oönskad beröring. Det är lätt att tro att den som gråter behöver en kram, men i själva verket kan det mycket väl vara det sista den behöver. Den kanske behöver få gå igenom sin process utan distraktionen av någon som försöker trösta den. Jag har sett så många som av ren välvilja delat ut beröring och kramar utan att först fråga om det är välkommet. Och jag har sett de som tvingar på andra sina kramar för att de själva varit den som behövt en kram.

Om du känner att du behöver en kram så be om en. Om du tänker att någon annan kanske behöver en kram men har svårt att själv be om en, så fråga om den vill ha en kram. Krama inte någon innan du har försäkrat dig om att det är välkommet. Och detsamma gäller såklart all beröring.

Oönskad healing. Det är inte ovanligt att människor i ceremoniella sammanhang tar sig friheter att utföra healing på andra. Det kan exempelvis vara att trumma för dem, dränka dem i rök eller utöva handpåläggning. På samma sätt som med oönskad fysisk beröring så kan det upplevas som distraherande och integritetskränkande.

Om du känner att du vill ge någon någonting, så fråga först. Och påbörja inte något innan personen gett sitt uttryckliga samtycke. Om det är så att man håller en ceremoni där någon går runt och ger alla samma behandling, exempelvis att trumma för dem, så kan det vara bra att ha ett tecken för den som vill avstå. Att signalera stopp med handen kan vara ett bra sätt att be personen att gå vidare till nästa deltagare.

I många fall kan det vara en god idé att på förhand prata igenom var gränserna går. Och i en del fall är det inte ceremonin som ska anpassas, utan den potentiella deltagaren som bör avstå från att vara med.

Oönskat prat. Någon som inte aktivt bjuder in till kontakt kan i en ceremoni med enteogener mycket väl befinna sig i ett meditativt tillstånd. Att börja prata med personen kan vara mycket störande och distrahera från arbetet som den försöker utföra.

Försök vara medveten och inkännande så att du inte i onödan går in och stör någon annans process. Skulle du råka göra det så avbryt så fort du förstår att det är det du gör. Om du vet att du vill vara ostörd så berätta det för andra, om du kan, eller gör det på något annat sätt tydligt för dem att du inte vill ha kontakt. Skulle någon ändå försöka ta kontakt så visa att du inte vill, till exempel genom att signalera stopp med handen.

Acceptera alltid nej

Ovanstående exempel kan alla komma från ett tillstånd av omtanke och välvilja men likväl vara oönskade och störande. Vi råkar alla göra fel någon gång så vi behöver vara snälla i bemötandet av varandras oavsiktliga överträdelser, men det är samtidigt rimligt att vi så snabbt som möjligt rättar till vårt beteende och drar lärdom av våra misstag.

När någon säger nej så behöver vi acceptera och respektera det. Inte gnälla.

Inte tjata. Inte klä oss i offerkofta, skuldbelägga eller gå upp i limningen. Bara acceptera och gå vidare. Och är det så att det där väcker jobbiga känslor hos oss så är det som regel inte den som sagt nej som har ansvar att hjälpa oss med de känslorna. Det ansvaret ligger hos oss själva och det kan vara en god idé att meditera med dem när de väcks.

Är du inte redan grundprogrammerad att acceptera nej så är det ett arbete som du snarast bör ta dig an.

Musik

– Vad gör du, frågade svampen.
– Ehm, jag satte på den här spellistan som ska vara anpassad för psykedelisk terapi. Det har pratats så mycket om det så jag tänkte prova.
– Och hur tänkte du att du skulle höra mig?
– Det... Det hade jag inte tänkt på.
– Du kanske borde ta av dig hörlurarna?
– Okej.

•••

Musik och enteogener är ofta en fantastisk kombination men inte alltid. Musik kan vara ett otroligt hjälpmedel för att tona in i känslotillstånd, komma i kontakt med vår kropp och leda oss på en resa. Men det kan också vara en distraktion och en flykt från det du borde fokusera på. Det kan vara skvalet som dränker mästarens röst.

I framförallt vetenskapligt anstrukna terapeutiska sammanhang så pratas det mycket om kurerade spellistor och protokoll som inbegriper att klienten ska ligga bekvämt med ögonbindel och musik i hörlurar. Jag hyser inte minsta tvekan om att det i många fall är ett alldeles ypperligt tillvägagångssätt men precis som med alla på förhand bestämda tillvägagångssätt så behöver vi vara öppna för att vi i stunden faktiskt behöver något helt annat. Och precis som svampen så måste jag fråga hur personen i det ramverket ska kunna höra läromästaren?

Spellistor

Musik kan sätta oss i kontakt med väldigt olika tillstånd, känslor och perioder i livet. Om du ska skapa en spellista för din resa så bör den ligga i linje med din intention. Om din intention exempelvis är att besöka en specifik tid i ditt liv så kan det vara en lista som innehåller mycket av musiken som du lyssnade på då. Och vill du omprogrammera något från den tiden så kan du vilja fylla på med musik som tydliggör och underlättar den omprogrammeringen. Vill du istället slappna av, ledas till ett drömlikt tillstånd eller fylla på med energi i dansen så kan du föreställa dig vilken musik som bäst hjälper dig att uppnå de tillstånden.

Många finner en särskild trygghet och glädje i att möta musik som de redan känner igen.

En annan ingång vore att låta sig utmanas och inspireras av musik som man inte känner till.

Skapa musik tillsammans

Ett annat sätt att inkludera musik i upplevelsen är att skapa musiken tillsammans. Precis som med många saker så kan det vara lättare att göra när resan börjar mattas av och man åter börjar landa i kroppen och sina sinnen.

En musikcirkel där man tillsammans leker fram takter och ljud kan vara ett roligt och opretentiöst sätt att göra det. Detta är ett sätt som kan passa även omusikaliska människor och kan exempelvis läggas upp så här:

- Sätt er i en ring och lägg alla instrument i mitten.

- Reglerna är att man får spela precis hur man vill, men inte något som redan finns. Man får sjunga vad man vill, men inte med ord som finns. Att dansa är alltid välkommet om det kan göras tryggt. Vill ni så kan ni sätta en tidsgräns på exempelvis en timme.

- Lek sedan tillsammans fram ljud och musik på alla de sätt ni kan komma på att skapa dem med instrument, munnen och annat.

Resultatet brukar bli en intressant gemensam resa genom ljudlandskap och upplevelser. Mycket av tiden kan det vara en grötig kakofoni men plötsligt kan det exempelvis övergå till att man befinner sig i ett djungelrum med skrikande apor vilket övergår i försiktigt lekande som leder vidare till ett högljutt kaos. Ingen cirkel är den andra lik eftersom instrumenten, deltagarna och känslorna är olika från gång till gång.

När tiden börjar lida mot sitt slut tystnar den som leder cirkeln och visar andra med en enkel blick att det är tid att avrunda. På så vis ebbar musiken ut behagligt och därefter är det ofta bra med meditation och samtal. När man lär känna varandra genom musiken på det sättet hittar man in till varandra på andra plan än det intellektuella.

Dans

Ett sätt att kroppsligt uppleva musik är naturligtvis genom dans.

– Koppla bort hjärnan och låt musiken flöda genom din kropp, förklarade en gammal elev till mig på ett av mina första rave.

Det tog många månader innan jag faktiskt lyckades uppnå det men plötsligt på ett dansgolv i Portugal släppte mina spärrar och musiken flödade mycket riktigt genom min kropp. Jag blundade, kopplade bort hjärnan och takten var i mig. Utan att hjärnan la sig i dansade min kropp bättre än vad den någonsin gjort.

Dansen är välgörande på så många plan men sättet jag fann att dansa på var mer än bara roligt. Det är ingen tillfällighet att musiken på rave heter just trance-musik, för den har en förmåga att försätta människor i transtillstånd. I dansen finns otroligt mycket lust och frigörelse men det är också rituellt, medvetandegörande, meditativt och en portal till andra medvetandetillstånd. För allt det och mycket mer därtill passar dans och enteogener fantastiskt bra ihop.

Utrensning

Det är vanligt med flera enteogener att man genomgår en utrensning, på engelska kallat purge. Ayahuasca är särskilt känt för det men det är vanligt också med San Pedro och mindre vanligt med svamp.

Den vanligaste utrensningen är att kräkas men det är inte heller helt ovanligt med diarré. Även gråtattacker, skakningar och gäspningar kan ibland vara utrensningar. Den shamanska förklaringen till detta är att enteogenen arbetat igenom kroppen där den samlat ihop smutsen som vi behöver göra oss av med. När vi väl gjort det så kommer resan att gå in i en annan fas. Ibland är det exempelvis så att man inte har några hallucinationer under utrensningen men att de kommer med full kraft när utrensningen är över. Sådana utrensningar sker mestadels under resans första tre timmar.

Moder Jord omvandlar

När vi arbetar nära Moder Jord så är det att föredra att återföra det vi gör oss av med under ceremonin till henne, så att hon kan absorbera och omvandla det. Det gör vi framförallt med kräk och urin. Jag har aldrig känt att jag borde göra detsamma med fekalier.

I nödfall

Planera din resa så att den här informationen förblir överflödig.

Precis som i livet i övrigt kan tusen saker gå fel och några kommer någon gång förmodligen också att göra det. Jag tänker inte fördjupa mig i nödsituationer men vill kort ta upp tre saker som kan vara relevanta – att hitta tryggheten, nödlanda och ringa efter hjälp.

Hitta tryggheten

Många påfrestande sessioner börjar med en felbedömning av set, setting, dos, samt avsaknad av intentioner och löften. Om du hamnar i en sådan situation:

Be om hjälp och vägledning. Har du en relation till Moder Jord, Gud, andehjälpare, änglar eller liknande så be dem om hjälp och be dem hålla bort allt som inte vill dig väl. Var uppmärksam på möjligheter.

Avge löfte. Lova dig själv att du fixar det här. Om du står inför en utmaning som du inte kan hantera just nu, skjut upp den och lova dig själv att möta utmaningen när tidpunkten är den rätta. Se efteråt till att faktiskt infria löftet.

En trygg plats eller människa. Hitta tryggheten. Ibland är platsen, sällskapet eller sammanhanget fel. Då behöver vi hitta en människa eller plats som får oss att åter känna oss trygga. Det kan ofta räcka att byta rum, gå iväg en bit eller prata med en bekant. Försök undvika att gripas av panik.

Att nödlanda

Om du behöver landa från en upplevelse så bör du äta. När vi arbetar med enteogener så höjer vi vår vibration. Genom att äta sänker vi den igen. Mat är jord och hjälper oss att få rötter. Att äta är ett säkert och naturligt sätt för att landa snabbare men det tar tid och du kommer fortfarande att känna av en del effekter.

Jag har hört att citron eller chili skär av ayahuascaenergin men jag har inte sett det göras.

Jag avråder bestämt från alkohol eller andra droger/mediciner för att komma ner.

Ringa efter hjälp

Meddela gärna på förhand någon eller några betrodda vänner vad du tänker göra. Skulle något vara särskilt påfrestande är det skönt om den man ringer redan förstår vad som pågår.

Några människor ringer reflexmässigt 112 om något är skrämmande. Om det uppstår en verklig nödsituation där det behövs ambulans, polis eller brandkår bör du naturligtvis ringa dem. I de flesta fall är det emellertid en dålig idé att begära extern hjälp eftersom deras kunskap om enteogener är begränsad och bristfällig. Deras utbildning omfattar inte enteogena upplevelser och deras okänslighet inför det kan störa processer eller rent av vara traumatiserande.

I efterhand

Vi ramlar alla ibland. Det som är viktigt är att vi ställer oss upp igen och lär oss av våra misstag. Om något gått fel så undersök saken, gör det du kan för att ställa saker till rätta och lär dig av händelsen så att du slipper upprepa den.

INTEGRATION

Vad är integration?

Det allra enklaste sättet att sammanfatta vad integrationsprocessen handlar om är nog detta:

Ta insikterna som mötet med enteogenen gett dig
och omsätt dem i handling i livet.

Integration är i mitt tycke den viktigaste men i de flesta fall också den mest eftersatta delen av arbetet med enteogener. Därför finner jag såklart en viss ironi i att kapitlet om det är bokens kortaste. Anledningen är att det är svårt att generalisera den här delen av resan eftersom sätten att integrera upplevelsen kan skilja sig väsentligt åt och behöver skräddarsys till personen. Även om en del kan vara likt människor emellan så är det inte rimligt att tänka sig att de ska genomgå en standardiserad integrationsprocess. Människor har helt enkelt fått med sig väldigt olika utmaningar från kontakten och har väldigt olika förutsättningar och verktyg för att arbeta igenom dem.

Många som vänder sig till enteogener saknar tillräckligt stöd efteråt. En del är själva fullt kapabla att utföra integrationsarbetet medan andra behöver mycket stöd i de efterföljande processerna. Min uppfattning är att så många som 80 procent behöver något slags stöd efteråt.

Att inte ta sig an integrationsarbetet, det vill säga att inte omsätta insikterna i handling, innebär att arbetet inte slutförs. Fullföljs inte arbetet kan det leda till att ens mående eller situation faktiskt försämras eftersom man är medveten om problemet men inte tar tag i det.

Mitt personliga tillvägagångssätt

För att hitta det sätt som är bäst för oss hjälper det att ha en god förståelse för hur vi fungerar och vilket stöd vi kan finna i vår omgivning. Nedan beskrivs tre delar att reflektera över för att få en bättre inblick i hur vi kan skapa vårt eget tillvägagångssätt.

Min världsbild. Hur jag uppfattar min omvärld kommer både att ge mig verktyg för att hantera något och begränsningar i att göra det. Säg exempelvis att jag har en religiös tro. Jag kommer då att ha med mig ett ramverk som kan hjälpa mig att avkoda upplevelsen och kanske också praktiska tillvägagångssätt för att arbeta vidare med mina nyfunna insikter. Samtidigt kan det antas att jag kommer att vara stängd inför andra möjligheter som potentiellt hade kunnat hjälpa mig.

Min verktygslåda. Vi har alla en verktygslåda med färdigheter och kunskaper som vi kan använda för att såväl utvinna insikter som att omsätta dem i handling. En grundläggande sådan är att känna till sina kreativa uttryckssätt. Den som är skrivande kan använda pennan i sin integrationsprocess medan den som målar förmodligen hellre plockar upp en pensel. En annan är att känna till sitt dominanta sinne. Hur förnimmer du starkast din omvärld? Är det genom känsel, hörsel, är du visuell eller klarseende? De ger oss alla unika ingångar för att förstå vår situation.

Våra intressen i livet bidrar i många fall också till vår verktygslåda. Någon som praktiserar yoga har förmodligen en god förståelse för sin energistruktur medan den som tränar fysiskt kanske vet mycket om kropp och kost. Det finns naturligtvis också specifika terapeutiska självhjälpstekniker som man kan gå kurser i.

Känner vi att vi saknar något i vår verktygslåda så kan vi lära oss det eller finna någon annan som kan komplettera oss i det avseendet.

Mitt sammanhang. Sammanhanget kan vara flera saker. Å ena sidan är det min och min familjs historia och vilka minnen och föreställningar som jag fått med mig därifrån. Det är också den kulturella kontext som jag är uppvuxen i och del av, eller inte del av, som formar såväl tyckande som tänkande. Och i vardagen är det min familj och mina vänner och vilket stöd de kan ge mig i min process.

Den som redan har ett stöttande sammanhang att luta sig mot i sin process kan vara oerhört hjälpt av det. Den som tvärtom står ensam efter en upplevelse med enteogener kan behöva finna ett sammanhang som kan ge stödet den behöver, alternativt finna stödet inom sig själv. Många som vänder sig till enteogener i sitt sökande efter att läka och växa är vid någon tidpunkt ganska ensamma på sin resa, så misströsta inte om du också känner så.

Tudelad integrationsprocess

Förenklat uttryckt så kan integrationsprocessen sägas bestå av två delar. Den första är att utvinna insikterna ur upplevelsen. Den andra är att omsätta dem i handling. Handlingen kan naturligtvis också vara icke-handling, alltså att inte göra något.

Att utvinna insikterna

Ibland är insikten så tydlig att den varken behöver utvinnas eller tolkas men har resan varit mångbottnad eller förvirrande så kan det vara en betydande del av processen. Vilket sätt som passar dig bäst är din utmaning att lista ut. Sätten är så många och varierande att jag här bara kortfattat ger exempel på några av de vanligare.

Meditation

Den som söker svar gör ofta gott i att vända sig inåt. I ett tillstånd av inre stillhet blir det tydligare att höra vad den egentliga meningen är. Meditation kan också förstås som introspektion och kontemplation vilket är ett inre sökande som präglas av ett mer aktivt intellekt.

På samma sätt som i en ceremoni med enteogenen så kan vi vid början av en meditation sätta en intention och där definiera vilka svar vi söker. Genom att skriva ner svaren vi finner kan vi bevara och fortsätta arbeta med dem.

Kreativt uttryck

Jag vill tro att de flesta människor har ett kreativt uttryck även om många kanske ännu inte funnit sitt eller tänker på det i de termerna. Några av de vanligare är att skriva, teckna, måla, fotografera, hantverka, spela teater och dansa. Med vårt kreativa uttryck kan vi i många fall dekonstruera upplevelsen för att vinna ytterligare insikt om den. Det kan också vara ett sätt att befästa insikter som vi fått, vilket syns i många verk som inspirerats av enteogener.

Några uttryck är sådana att de utmynnar i tydligt formulerade svar medan andra snarare ger oss tillfälle att begrunda på samma sätt som vid meditation.

Bollplank

Det är ofta när vi sätter ord på vår upplevelse som vi börjar förstå den. Ett sätt att göra det är att prata med någon annan men det är samtidigt inte självklart att vi borde göra det. Ibland kan magin rentav brytas när vi berättar om vår upplevelse.

Välj med omsorg för vem och hur du berättar och av vilken anledning.

Oftast är det att föredra att den vi pratar med inte lägger sig i och sätter ord på vår upplevelse åt oss. Ett sätt att göra det är att den vi pratar med anlägger ett coachande förhållningssätt vilket innebär att den huvudsakligen ställer frågor så att vi själva får möjligheten att finna våra svar.

Men ibland behöver vi också höra andras upplevelser för att förstå vår egen. En plats att få göra båda, att såväl dela som att lyssna, är i någon form av samtalscirkel. Företar man sitt utforskande tillsammans med vänner så kan de istället kanske vara de bästa att prata med. De var ju med och kan mycket väl ha en förståelse för situationen och dig som ingen annan kan ha.

Att tolka insikten

Det är lätt att tro att höra budskapet och att förstå det är samma sak. Så är det inte. Även om man förstår orden så kan deras innebörd fortfarande vara dolda för en. Låt mig återanvända ett exempel från kapitlet där jag pratade om vanliga misstag.

Låt säga att enteogenen säger till dig att du är speciell och att du ska dela dina gåvor med världen, vilket inte är helt ovanligt eftersom många behöver påminnas om hur fantastiska de är och att de har mycket att bidra med. Den som brottas med obalanser på egonivån kan lätt få för sig att det betyder att den är viktigare eller bättre än andra och dra slutsatsen att den bör tala om för dem hur de ska leva sina liv. Den personen har hört budskapet men inte förmått tolka det korrekt. Budskapet handlar om att personen ska se sitt eget värde och värdet av det den har att dela. Inte att den ska sätta sig över andra.

Detta är ett vanligt misstag. Många hör budskapen men betydligt färre förstår dem vilket leder till att det florerar många konstiga uppfattningar bland människor som bara kan höra. Risken att missförstå budskapet ökar om vi är obalanserade eller har ett egenintresse i en särskild tolkning.

Den som har svårt att tolka bör ta hjälp av någon som är vis och inte har ett egenintresse i tolkningen.

Omsätta insikter i handling

Att omsätta insikter i handling är att förändra någonting i livet. Det kan vara en inre förflyttning såsom att genom ökad självinsikt göra sig av med föreställningar och tankemönster som inte längre gagnar en och skapa nya sådana som gör det. Eller så kan det vara en yttre förflyttning som innebär någon slags omställning i livet. Nu är det såklart ofta inte så snyggt avgränsat utan snarare så att det sker en växelverkan där det inre påverkar det yttre och vice versa.

Här är några exempel på den sortens större förändringar som kan vara vanliga efter att ha arbetat med enteogener:

- ändrade prioriteringar i livet
- förändringar i relationer
- fördjupat terapeutiskt arbete
- att söka ytterligare vägar till ökad självinsikt
- byte av sysselsättning
- omläggning av kost
- träning

Försiktighet vid stora förändringar

Många råder till en generell försiktighet gällande stora förändringar i kölvattnet av att ha arbetat med enteogener. I det psykedeliska tillståndet kan mycket ha känts så självklart och rätt men när det ges tid att mogna förloras känslan.

Det finns en poäng med den försiktigheten men i många lägen också anledning att kasta av sig en försiktighet som kan gränsa till ängslighet.

Låt säga att du under en ceremoni tydligt blir tillsagd att säga upp dig från jobbet. Kanske vore det en stor omställning i livet som skulle föra in betydande osäkerhet och kanske förstår du inte heller riktigt varför utan minns mest känslan av att det i stunden kändes väldigt rätt. Den försiktiga skulle i det läget förmodligen säga att det är en god idé att sova på saken i åtminstone en månad och det är mycket möjligt att jag skulle hålla med. I det läget kan det vara bra att först undersöka saken med exempelvis meditation och kontemplation för att finna orsaken till rådet.

Men låt oss istället säga att du under flera månader upplevt en molande oro och tilltagande trötthet och att intentionen för din resa är att finna lösningar till detta. Du har hört varningsklockorna för en annalkande utmattning och vet att jobbet får dig att må dåligt men din pliktkänsla säger åt dig att vara kvar. När enteogenen säger till dig på skarpen att du behöver säga upp dig omedelbart för att undvika en kollaps så kommer det inte som en överraskning utan bekräftar snarare det du redan vet men inte velat kännas vid.

Den ängsliga skulle förmodligen även i det läget mana till försiktighet och att avvakta. Men ärligt talat, vad mer behöver du veta? Alla fakta ligger på bordet och känner du efter så vet du utan osäkerhet vad som egentligen är rätt. Här skulle jag säga att det är läge att dra styrka ur upplevelsen och agera omedelbart. En anledning till att agera snabbt är för att läget är akut. Kollapsen står runt hörnet och agerar du inte nu så kan du förlora många år av ditt liv. En annan anledning att agera direkt är för att den där avvaktan mycket väl kan så tvivel och låta den i sammanhanget självdestruktiva pliktkänslan åter slå klorna i dig.

Att skaffa sig en plan

För den som vill omsätta insikter i handling kan det vara bra att ha en plan. Verktygen för att skapa och ro dem i land är många och är inget som jag kommer att fördjupa mig i här.

Jag tycker överlag att det är bra att ha en plan men vill samtidigt flagga för att inte bli alltför fäst vid den. Ibland vill livet annat. Ibland var planen fel. Likväl är det bra att ha en för det ger vår strävan en riktning. Och den som har en riktning når alltid någonstans även om det oftast inte är exakt dit man till en början trodde att man skulle.

Den som inte har en egen plan blir lätt en del av någon annans. Utan egen riktning är det lätt att svepas med och rent av tro att andras visioner är ens egna.

Så lägg tid på att komma underfund med hur du ska omsätta dina insikter i handling men stirra dig inte blind på målet. Det är nämligen lätt hänt att fokusera så pass mycket på det vi önskar längre fram att vi missar möjligheterna som finns i nuet. Och de möjligheterna kan vara just de som leder till framtiden som vi drömmer om. Skapa en stark målbild men släpp den sedan och arbeta i nuet. Det är här möjligheterna finns.

Sammanhang och medresenärer

Befinn dig i sammanhang och och med människor som vill åt samma håll som du. När du gör det får du extra kraft på din egen resa.

Medan några redan är del av ett stöttande sammanhang så är resan att läka och växa med hjälp av enteogener för många en uppförsbacke till något nytt. En nystart är ofta att börja om från början igen med allt vad det innebär. Håll ut och ha tillit till att det kommer att lösa sig till det bästa men överlämna det inte åt hoppet utan arbeta också för att det ska bli så.

Trygghet att dela

En trygghet som bra sammanhang och medresenärer kan ge är möjligheten att dela sin upplevelse. Både i bemärkelsen att uppleva tillsammans men också i att få dela med sig av och bli bekräftad i upplevelsen man berättar om.

I många fall kan det kännas särskilt givande att prata med andra som också har upplevelser av samma slags sinnesförändrade tillstånd. Om du inte har sådana människor i din närhet så finns det mer eller mindre formellt organiserade grupper som du kan söka upp, såsom föreningar som samlar entusiaster eller psykedeliska integrationscirklar.

Komma tillbaka till medicinen

Ibland vänder sig människor till enteogener för att göra ett intensivt arbete med en eller ett fåtal sessioner. Ofta kan det räcka för att personen ska komma loss och därefter kunna fortsätta arbetet med andra metoder.

I andra fall är det rimligare att tänka sig att man behöver ett flertal sessioner under en längre tid. När enteogener exempelvis används för att omprogrammera tillstånd i hjärnan så kan det behövas flera sessioner för att bryta tidigare negativa tankemönster, skapa nya och ge de nya näring. I sådana fall är det inte orimligt att tänka sig en serie på 5-15 resor över minst lika många veckor för att komma tillrätta med problematiken.

En annan anledning att komma tillbaka till enteogenerna är för att hämta ny inspiration till fortsatt läkande och växande. När vi väl tagit itu med ett bekymmer så dyker nästa utmaning upp för sådant är livet. Och den som väl påbörjat vandringen att läka och växa fortsätter den ofta gärna.

När vi inte gör arbetet

Om man inte tar tag i integrationsarbetet men ändå fortsätter att komma tillbaka till enteogenerna kan de med tiden tröttna på en. I det läget kan upplevelserna komma att bli betydligt mer utmanande och rent av hemska. Enteogenerna och personens psyke försöker helt enkelt ruska om personen så att den faktiskt tar tag i sina problem.

Detta är ett ganska vanligt fenomen bland människor som närmar sig enteogener rekreationellt men utan intresse för att ta till sig lärdomarna som de ger. Upplevelserna som till en början var inspirerande och upplyftande kan med tiden bli så pass utmanande att personen antingen börjar arbeta med sin personliga utveckling eller helt avstår enteogener.

Reflektera över ditt tillvägagångssätt

Lär dig kontinuerligt av ditt utforskande genom att reflektera över hur ditt tillvägagångssätt format upplevelsen. När du gör det kan du exempelvis kontemplera följande frågor:

- Hur tydlig var intentionen? Kan den bli ännu bättre?

- Hur väl matchade set, setting och dos intentionen?

- Gjorde jag några uppenbara misstag som jag vill undvika framöver?

- Vad fungerade bra?

- Vad tog jag med mig för insikter och vilka sätt att integrera har funkat bra för mig?

- Vad är nästa steg?

Den som tror sig vara fullärd vet ännu alldeles för lite.

ATT ARBETA MED ENTEOGENER

Det shamanska och det terapeutiska

Jag kommer i kapitlet att beskriva lite av det som utmärker shamanskt och terapeutiskt arbete med enteogener och vad jag anser är rimliga krav att ställa på sig själv och andra som arbetar med dem.

Jag vill dock börja med att säga att det från shamanskt håll inte finns en uppdelning mellan shamanskt och terapeutiskt, utan det är en uppdelning som jag gör för att förtydliga för läsaren. Shamanism är, i min uppfattning, terapeutisk och använder alla de verktyg den kommer över som fungerar. Den är i bästa fall som vattnet som letar sig fram och på sin resa använder den såväl beprövade vägar som upptäcker nya. Modern terapi, framförallt så som den utövas inom vården, uppfattar jag som betydligt mycket mer stelbent eftersom den till stor del förhåller sig till metoder och regelverk snarare än den unika labyrint som en människa är.

Att hjälpa andra

Alla kan i regel hjälpa någon. Även om vi inte kan stötta dem i själva processen så kan vi kanske hjälpa till att undanröja hinder så att de själva kan göra arbetet. Ska vi däremot aktivt gå in och delta i arbetet med någon annan så börjar det arbetet med oss själva.

Gör din egen läkanderesa

Alltför många som vill hjälpa andra gör det för att de inte vågar hjälpa sig själva. Istället för att konfrontera det som skaver inom sig så distraherar de sig från sin egen läkeprocess genom att fokusera på det yttre, det vill säga andra människor.

I min mening bör den som vill hjälpa andra, framförallt när det ska göras (semi-) professionellt, först ha gjort sin egen läkanderesa. När vi läker oss själva frigör vi vår egen potential, gör oss av med sådant som kan störa andras processer samtidigt som vi fyller på vår verktygslåda med värdefulla insikter och verktyg. Det ger oss förhoppningsvis en annan förståelse för och ödmjukhet inför hur läkeprocessen kan se ut även om den naturligtvis skiljer sig åt en hel del mellan människor.

Att man gjort en läkanderesa betyder inte att man kan hjälpa med allt. Det kan finnas betydande likheter mellan processer vilket innebär att man kan hjälpa med mer än det man själv läkt, men det kan också finnas betydande skillnader som gör att man hellre bör avstå eller åtminstone vara öppen med sin okunskap.

Ditt fortsatta växande

När man klarat av första etappen på sin läkanderesa är det inledningsvis lätt att inbilla sig att man är slutgiltigt klar med sig själv. Det blir man inte för vi människor befinner oss i ständig förändring och utveckling. Att tro att vi nått slutmålet är förrädiskt och ger samtidigt näring till ett obalanserat ego vilket ibland leder till att vi blir direkt olämpliga att vägleda andra.

Den som vill vara till stöd för andra i processer att läka och växa behöver känna till och acceptera ofullkomligheten hos sig själv.

Det bästa sättet jag har funnit att tänka kring det är att se min resa som primärt just min. Min första klient är alltid jag själv och den resan behöver komma i första hand. Sen dyker det stundtals upp människor på min väg där vi går tillsammans en stund, där jag kanske intar en stöttande eller ledande roll. Men för att kunna vara det där stödet för andra behöver jag fortsätta utforska mig själv, ta till mig nya verktyg och ibland kanske också ta en paus från att finnas till för andra.

Hjälpa utifrån den andras föreställning

Den som vill vägleda en annan bör förstå vikten av att hjälpa dem utifrån deras egen förståelse av sig själva och sin omvärld. Det betyder inte att du behöver anamma deras världsbild men du behöver acceptera att den är sann för dem.

Låt oss som exempel säga att jag som har en shamansk förståelse av min omvärld ska vägleda någon som har en kristen sådan. Jag behöver inte bli kristen för att hjälpa personen men jag behöver acceptera att personen har en kristen världsbild. Ju bättre jag är på att navigera deras föreställningsvärld, ju bättre kommer jag att kunna hjälpa dem. Kan jag därtill identifiera vilka verktyg som personen har i sin verktygslåda och vilka styrkor som finns i dennes sammanhang – ja, då är mina förutsättningar goda att både hjälpa personen att utvinna insikterna ur sin upplevelse och formulera en plan utifrån dem.

Samma lyhördhet behöver vi ha gällande den kulturella kontext personen befinner sig i, dess släkts historia och känsla för sammanhang i världen. Allt detta och mer därtill formar sätten som den bäst kan bli hjälpt på. Framförallt i integrationsarbetet kan det vara viktigt att dra inspiration ur personens egna föreställningar och sammanhang, snarare än att försöka pådyvla den något nytt som kanske inte passar.

Om du hjälper andra så kom ihåg att detta inte är din läkeprocess utan deras. Låt deras föreställning om världen och vad som kan hjälpa dem styra. Du är där för att stötta dem i deras process, inte att konvertera dem.

Ibland behöver människan en helt ny världssyn för att läka. Det kan exempelvis vara viktigt att bryta sig loss från vanföreställningar och dogmer som begränsar en, men är så inte fallet bör vi alltså istället stötta dem utifrån den världssyn de redan har.

Uppmuntra det som är gott

Även när mycket tycks vara kaos finns det också sådant som fungerar. När vi tar tillvara och bygger på det som är gott och fungerande stärks samtidigt självkänslan och tron på att vi har något friskt som är av värde.

Som den som hjälper kan jag förstärka detta ytterligare genom att vara särskilt uppmärksamma på det som fungerar och ge positiv uppmuntran.

Visa vägen

– Gör som jag säger, inte som jag gör, brukade min pappa skämtsamt säga.

För det är ju precis så vi människor inte fungerar. Vi gör inte som andra säger åt oss utan härmar vad de gör.

Ditt tillstånd smittar. Om du är i en position där du kan vara någon att inspireras av så var det. Var positiv. Se det friska och vackra i andra. Var sann, sårbar och modig. Om du har vad den andra behöver, låt det skina igenom dig så att den andra kan följa ditt exempel. Men märk väl, det behöver vara sant. Låtsas inte vara något som du inte är och vet när du inte kan vara vägvisare. Var ärlig.

Utbildning och erfarenhet

Vi är ett samhälle som är besatta av utbildningar, diplom och certifieringar. Har man det inte på papper så är många övertygade om att man inte har det alls. När det kommer till att arbeta med människor på djupet så tycker jag att det är en farlig villfarelse. Utbildning har en plats men förtjänar inte på långa vägar den betydelse vi tenderar att tillmäta den. Det är visdom vi borde eftersträva, inte kunskap.

Utbildning kan de flesta skaffa sig. Vi fyller våra huvuden med sånt som andra påstår och går därifrån med ett diplom. Vi tror att vi vet något men i själva verket tror vi bara vilket ofta krymper vår förmåga att tänka nytt. Sådant göder obalanser på egonivån.

Visdom däremot, det är sällsynt och en uppenbar bristvara i dagens samhälle. Den växer fram ur din egen upplevelse, är rotad i ditt sanna jag och blommar ut i din egen sanning. Shamanism eftersträvar i min mening visdom.

Varför tar jag upp detta?

Jag uppfattar en fara gällande hur enteogener ska återintegreras i samhället. Risken är att enteogener medikaliseras, inlemmas i konventionella utbildnings- och vårdstrukturer och att välutbildade terapeuter utses till att bli den nya tidens medicinbärare utan att besitta visdomen att hantera dem.

Utbilda dig för all del. Det finns många bra metoder och tankar att låta sig inspireras av, men var ödmjuk inför dina begränsningar, håll koll på ditt ego och eftersträva visdomen. Det är först då som du har något av verkligt värde att bidra med för människans och mänsklighetens läkning och utveckling.

Ansvaret

Ditt liv utgår ifrån dig. Andra gästspelar i det men ytterst är du skaparen av din egen upplevelse och bär därför det yttersta ansvaret.

Ibland möter vi andra som tillfälligt kan stötta oss och kanske även dela våra bördor men ansvaret som de tar för oss delegeras från oss själva. Försvinner eller fallerar de så är ansvaret åter helt och hållet vårt.

Så är det också i mötet med en shaman eller terapeut. Det är rimligt att förvänta sig att de i avgränsade delar bistår med sin kompetens och kanske också en viss trygghet, men ytterst utgår läkningen eller växandet från dig själv och det är du som behöver navigera den större resan som är ditt liv.

Som shaman eller terapeut är det bästa jag kan göra att stärka klientens känsla av ansvar för sin egen utveckling och samtidigt bistå med verktyg och insikter som ökar deras förmåga.

Det egna ansvaret som klient

Förståelsen att du skapar ditt liv innebär att du behöver vara delaktig i din process, oberoende av vilka andra du bjuder in att bistå dig. Och hur skickliga de andra än är så är det tyngsta lasset ditt att dra. Ta därför emot hjälp men förstå att du behöver lägga in mer arbete än alla som hjälper dig.

Shamanens / terapeutens ansvar

Min förmåga att arbeta med andra är direkt relaterad till arbetet som jag gör med mig själv. Utöver min egen läkanderesa, som bör föregå att jag arbetar med någon (semi-)professionellt, så tycker jag att det dessutom hör till rollen att kontinuerligt vända ut och in på sig själv i syfte att läka, växa och lära känna sig själv bättre. I det ingår också en konstruktiv självrannsakan och en strävan efter visdom. På så vis fortsätter man frigöra sin potential och blir en bättre shaman eller terapeut.

Den som vill stötta andra bör också vara uppriktig gällande sina egna begränsningar. Det kan vi bara vara när vi å ena sidan har en hög självmedvetenhet och å andra sidan är medvetet närvarande i stunden, så att vi kan fånga upp när våra begränsningar gör sig påminda.

I det ingår också att veta när vi inte ska arbeta med andra. När livet är sådant att vi inte förmår hålla vårt fokus och vår energi så finns risken att vi saboterar andras processer. Då bör vi träda tillbaka för att arbeta med oss själva innan vi råkar göra andra illa. Att veta när vi inte ska arbeta med någon kan såklart också handla om att man ser att man inte är rätt person för den människan. Då bör vi hänvisa vidare.

Jag skulle också säga att den som vill arbeta med andra bör reflektera över varför den vill det. Den bästa platsen att arbeta utifrån är en genuin kärlek till sina medmänniskor kombinerat med en stark förmåga att stötta dem. Det är naturligtvis en mycket hög standard som, om vi ska vara ärliga, få kan leva upp till. Det är inte rimligt att vi ställer så höga krav på varandra men vi kan såklart ha det som ambition att vi tillsammans ska närma oss det.

I andra änden av spektrumet för varför vi vill hjälpa kan det finnas motiv som är kontraproduktiva eller rent av destruktiva. Att göda ett obalanserat ego, slippa ta itu med sina egna bekymmer genom att lasta över dem på andra och girighet är alla motiv som passar särskilt dåligt när vi vill vara ett stöd för andra.

Ansvaret gentemot en klient

Att vara ärlig är en bra utgångspunkt. Betona klientens eget ansvar, ge realistiska förväntningar och var uppriktig med dina egna begränsningar. Människor som vänder sig till enteogener lockas ofta av mirakulösa läkeberättelser. Även om mirakler är förhållandevis vanliga i sammanhanget så är det inte en realistisk förväntan att ha med sig in i arbetet.

Naturligtvis bör jag ha den nödvändiga kunskapen och erfarenheten för att utföra arbetet. Vi kan såklart på vägen bli överraskade av något som vi inser att vi inte har verktygen att hantera men sådana luckor bör åtminstone inte medvetet finnas med på förhand.

När det kommer till att arbeta med naturliga enteogener så ser jag det som grundläggande att shamanen eller terapeuten faktiskt kan kommunicera med intelligensen bakom växten eller svampen. Den som inte kan det har inte välkomnats in att arbeta med enteogenen och är därför i min mening inte heller kvalificerad att göra så. Kan man inte kommunicera med svampen eller växten men ändå är kompetent att arbeta med psykedeliska tillstånd så gör man i min mening bäst i att hålla sig till isolerade molekyler som saknar intelligens såsom LSD eller MDMA.

Shamanen eller terapeuten som arbetar med enteogener bör ha ett ramverk för sitt arbete som åtminstone inkluderar:

- förarbete för såväl sig själv som klienten
- ceremoniell eller annan inramning av själva resan
- efterarbete för såväl sig själv som klienten

I förarbetet ingår att göra ett så pass gott bakgrundsarbete att vi kan avgöra om personen överhuvudtaget bör vända sig till enteogener eller om den vore bättre hjälpt av något eller någon annan.

I efterarbetet ingår att ta emot klienten på andra sidan av upplevelsen vilket är bland det viktigaste i processen. Vissa klienter har gott om egna verktyg för att kunna arbeta vidare med sin upplevelse och behöver därför väldigt lite hjälp efteråt men för den som behöver fångas upp kan det vara skillnaden mellan en lyckad session och en smärre katastrof.

Vi gör alla misstag ibland och det gäller även de som arbetar professionellt. Om något går fel så är det viktigt att vi är ärliga med och lär av det. Ofta är det också just de situationerna som har mest att lära oss, om vi bara är öppna för att göra det.

Shamanskt arbete med enteogener

Enteogener är nycklar för att tala med det gudomliga, berättade Liv i inledningen till kapitlet Introduktion till enteogener. Det låter stort men vad betyder det egentligen?

Kortfattat och på inget sätt fullständigt så är de nyckeln till en dörr som leder till det allra högsta, till tillståndet där allt är ett, där källan springer upp inom oss alla, allt flätas samman och dras isär, där kraften flödar genom oss och vi alla är en återspegling av det gudomliga. De är en portal till andra verkligheter, själars boning där minnen från liv som varit och komma skall vävs och minns, och där vi hittar tillbaka till förmågan att prata med djur, växter, svampar och stenar. Och i allt detta leder de oss att åter knyta an till Moder Jord, respektera livet, väcka kärlek, empati och sanning, och ge näring åt vår andlighet så som den uttrycks genom den egna upplevelsen, bortom könsmaktsordningar, religioner och ideologier som kommit att separera oss.

Allt detta och mer därtill gör enteogener till kraftfulla verktyg för att arbeta med människans allra största utmaningar. Såväl på det individuella som på det kollektiva planet bär de vägledning som å ena sidan kan läka oss och å andra sidan hjälpa oss att växa.

Intelligensen bakom

Bakom de naturliga enteogenerna finns det tydligt en vägledande intelligens. Det är en högt stående och välvillig intelligens som befinner sig utanför oss. Jag vet att en del psykologiskt sinnade kommer att vilja tolka det som en aspekt av personen som den upplever som något utanför sig men det är inte alls vad jag menar. Jag kan urskilja sådana aspekter. Jag menar bokstavligt en intelligens utanför mig själv och detta är något som jag föreställer mig att i princip alla shamaner som arbetar med naturliga enteogener skulle hålla med mig om.

Det är inte nödvändigt att ha den förståelsen eller upplevelsen för att bli hjälpt av enteogener, men jag ställer mig verkligen frågande till lämpligheten hos en vägledare som vill använda dem tillsammans med andra utan att ha den kontakten.

För mig öppnades den kontakten först efter det att jag klarat av den första delen av min läkanderesa, vilket tog fyra år. Innan dess kan jag inte minnas några samtal med svampen. Jag hade starka, livsomvälvande och läkande upplevelser med den, men ingen kommunikation. Men så vid en given stund sa svampen tydligt till mig att lägga mig och meditera med den. Från den dagen flödar vårt samtal.

För min del innebär det att jag på ett medvetet plan har med mig en vägledare som jag kan kalla in när så behövs, eller som bryter in för att ge mig det jag behöver när jag själv kanske inte förstår det. Det är en väldig trygghet att ha när man arbetar i ceremoni och med andra. Men svampen är också en läromästare och som sådan ger den mig såväl verktyg som utmaningar i den takt som jag förmår ta hand om dem, på samma sätt som en lärare i mänsklig skepnad hade kunnat göra.

Icke-ordinära medvetandetillstånd

Att arbeta i förändrade eller icke-ordinära medvetandetillstånd har varit centralt för shamanismen sedan begynnelsen och är lika grundläggande som att arbeta i nära kontakt med Moder Jord och andevärlden. För att lyfta på slöjorna och få tillgång till andra medvetandetillstånd, förmågor och världar så har shamaner och andra andliga traditioner använt sig av tekniker eller enteogener eller båda.

Vi kan alla få tillgång till sådana upplevelser av andra medvetandetillstånd och verkligheter. Några av de vanligare teknikerna för att göra det är att trumma, dansa och meditera, men det är alltså troligt att enteogenerna faktiskt kom före alla tekniker. I dessa tillstånd kan vi i många fall gå långt bortom vad vi tror är möjligt.

Att uppfatta det vi vanligtvis inte uppfattar. En förhållandevis vanlig företeelse är att våra sinnens förmåga expanderar så att vi kan uppfatta saker som vanligtvis är dolda för oss. Det kan exempelvis vara att förnimma energistråk eller -mönster i naturen, se blockeringar i människor, uppfatta naturens förehavande och kunna kommunicera med den.

Resa mellan världar. Detta beskrivs olika mellan olika utövare och kulturer men kan förenklat uttryckas som att få tillträde till världar med andra intelligenser eller entiteter än vad vi är vana vid att möta i vårt vardagliga liv. Det kan exempelvis vara kraftdjur, naturväsen, guider, skyddsänglar, förfäder eller andar.

Visionära resor. Jag har genom boken pratat mycket om enteogeners terapeutiska potential men de är också goda följeslagare när vi söker visioner och klarhet. Det kan exempelvis vara att se syner gällande våra livsmål och potential eller att skåda in i möjliga framtider.

Den återupprättade kontakten

Enteogener har en förmåga att hjälpa oss att adressera och även läka obalanser som funnits med människan länge. På så vis hjälper de oss att återupprätta kontakten med oss själva och vårt ursprung.

Motverkar egoism och patriarkat. Många av de substanser som är populära i dagens samhälle är egoförstärkande vilket innebär att negativa obalanser på egonivån, såsom girighet och övergreppsmentalitet, också förstärks. Det är inte överraskande att detta går hand i hand med en patriarkal världsordning. Enteogener hjälper oss att balansera och röra oss bortom egot; bortom egoism och förtryck.

Återupprättar kontakten med det feminina. Detta leder oss att återuppväcka det som vi ibland tänker på som det feminina. Enteogenerna lockar fram tillstånd såsom kärlek, empati och medkänsla för allt levande.

Leder oss tillbaka till harmoni med naturen. Genom förundran och kärlek hjälper enteogenerna oss att återupprätta respekten för Moder Jord, Fader Sol och alltet; där vi vilar tryggt i insikten att allt är ett.

Väcker hoppet om att kunna läka och växa. Enteogenerna leder oss att vilja bättre gentemot såväl oss själva som de omkring oss. De förser oss med verktyg och inspiration för att läka och växa vilket sedan sprider sig som ringar på vattnet.

Egodöd

Många som arbetar med enteogener rapporterar om det som kallas egodöd vilket är ett tillstånd då egot tycks upphöra. För många uppfattas egot i sammanhanget som något negativt som håller oss åtskilda och vars obalanserade destruktiva uttryck är sådant som egoism, uppblåst självbild och självhävdelsebehov.

Allt är ett

Ett tillstånd som förutsätter egots upplösning är upplevelsen av att allt är ett. När skiljelinjen mellan mig, min medmänniska, trädet och bäcken upphör så upphör också egot eftersom egot definierar mig som individ separerad från allt annat.

Detta är vad vissa kallar upplysning och där vi åter sammansmälter med alltet. Enteogener kan hjälpa oss att få en inblick i den upplevelsen och på så vis också göra det lättare för oss att hitta tillbaka dit igen. Jag har haft sådana upplevelser men eftersom jag inte befinner mig stabilt på den nivån så vet jag inte hur en sådan existens skulle gestalta sig. Jag har svårt att föreställa mig hur jag skulle fungera i världen utan känslan av att vara just en individ men kan likväl ha stor nytta av lärdomen som besöken i det medvetandetillståndet gett mig; insikten att vi alla är ett, sammankopplade, fasetter av samma helhet, var och en av oss gudomliga in till varenda cell.

Att gå bortom egot

Ett annat sätt att uppleva egots död är att gå bortom det. På egonivån är vissa saker särskilt framträdande såsom självkänsla, handlingskraft och självförverkligande. Genom att medvetet arbeta med dessa aspekter av oss själva kan vi nå ett tillstånd där vi är balanserade och därmed på ett stabilt sätt kan röra oss förbi de aspekterna av att vara människa. Nästa nivå att utveckla är empati, medkänsla och kärlek till allt inom och omkring oss.

Om vi inte redan befinner oss på den utvecklingsnivån så kan enteogener hjälpa oss att tillfälligt komma till den. Här kan det upplevas som att egot upplösts eftersom vi befinner oss i ett tillstånd bortom det, men jag skulle hävda att egot i själva verket är intakt om än inte längre i fokus för vår upplevelse. Gåvan från upplevelsen kan vara en drastiskt ökad empati, medkänsla och kärlek. Skulle jag jämföra det med något annat ur livet så är det med att få barn. Där har jag upplevt ett liknande hjärtöppnande där min känsla av mig själv som individ blir betydligt mindre viktig när kärleken till en annan tar över.

Det balanserade egot

De flesta av oss kommer på ett eller annat sätt efter en sådan upplevelse att återkomma till vårt ego men på vägen kan egot ha genomgått en transformation. Vi kan ha fått insikter och nycklar till att bli mer välbalanserade som människor, mindre egoistiska och mer inkännande. Vi kan ha funnit en känsla av mål och mening vilket kan ha väckt vår handlingskraft och dessa gåvor kan förutsätta att något inom oss också dör.

Fortsätter vi den resan kommer vi så småningom till ett tillstånd där vi naturligt rör oss bortom egot.

När man arbetar andligt finns dock risken att skapa ett andligt ego. Det innebär att man kan ha upplevelsen av att ha rört sig bortom sitt gamla ego och på så vis blivit bättre än andra. Det som hänt är att vi ersatt vårt gamla ego med ett nytt andligt ego där obalanserna är desamma eller snarlika.

Det andliga egot är ofta mycket dömande och sorterar människor i fack. Medan man inom sin grupp kan vara rörande överens om vilka fantastiskt fina och omtänksamma människor man är så sträcker den omtanken sig sällan utanför gruppen. Man kan ha uppnått grunda stadier av empati men inte på långa vägar till en sådan grad att man faktiskt rört sig bortom egot. Detta kan i många fall vara ett svårare tillstånd att röra sig vidare ifrån eftersom man då sitter fast i illusionen av att ha kommit längre än vad man har.

Terapeutiskt arbete med psykedelier

Även om jag i en del fall kan tycka att ordet psykedelier är väl snävt så är det ett fantastiskt bra ord som sätter fingret på en framträdande och viktig aspekt hos enteogenerna. Ordet betyder sinnesavslöjande i bemärkelsen att det blottar det som rör sig i vårt inre. Ofta är det precis det vi vill göra i ett terapeutiskt sammanhang, nämligen att 1) medvetandegöra oss om det som rör sig i vårt inre, så att vi kan 2) ta itu med det. Därför kommer jag att använda mig av ordet psykedelier här.

En aspekt som försvårar terapeutiskt arbete är att vi gömmer jobbiga upplevelser och känslor i vårt undermedvetna och sätter skyddsmekanismer att vakta dem. Med tiden glömmer vi dem ofta men försvinner gör de inte. Istället ligger de i periferin dit vi inte vågar titta och påverkar våra liv i stort och smått.

Tre terapeutiska effekter

Desarmerar våra skyddsmekanismer. En utmaning när vi vill komma tillrätta med våra bekymmer är att vi satt in kraftfulla skyddsmekanismer för att vakta obehaget som vi vid något tillfälle inte velat kännas vid. Det kan exempelvis yttra sig så att vi omdirigeras när vi kommer för nära obehaget. Ett exempel på det är så kallade triggers där en hel rad reaktioner kan sätta igång så fort vi närmar oss det vi inte kunnat hantera. Omdirigeringen kan då exempelvis uttrycka sig som en panikreaktion, flyktbeteende eller ilska. Allt för att slippa möta obehaget.

Psykedelier har en förmåga att sänka våra skyddsmekanismer så att vi kan våga undersöka det som vi dolt för oss själva. Det betyder inte nödvändigtvis att det inte kommer att finnas något obehag utan bara att obehaget inte triggar en skyddsmekanism som omdirigerar vår uppmärksamhet.

Ibland är skyddsmekanismerna helt avaktiverade och vid andra tillfällen bara reducerade. I det senare fallet så kan det behövas lite extra mod för att utmana det som dröjer sig kvar.

Hjälper oss att minnas det vi glömt. Det vi förtränger vill vi naturligtvis glömma men även bland det som vi inte aktivt försöker förtränga finns det sådant som vi inte vill kännas vid. Psykedelier arbetar med båda sorters glömska.

När personen behöver det så händer det att psykedelierna kör upp obehaget i ansiktet på oss för att vi omöjligtvis ska kunna värja oss. Det kan upplevas som en väldigt hård behandling men är samtidigt en som genomsyras av kärlek. Ibland behöver vi helt enkelt ruskas om så pass att vi inte kan låtsas som att inget har hänt. Gör man inte integrationsarbetet mellan sessionerna så är det vanligt att sessionerna blir allt hårdare för att vi ska förstå läxan.

Andra behöver snarare påminnelser om sådant som de redan känner till eller borde reflektera över. Psykedelier kommer ofta med tröst och påminner oss om hur fantastiska vi faktiskt är, vilket är något många glömmer. Ett annat exempel är att psykedelier kan hjälpa oss att återknyta kontakten med konsekvenserna av vårt handlande. Någonstans har vi slutat bry oss om hur våra handlingar påverkar andra vilket gör att vi upprepar beteenden som gör såväl andra som oss själva illa.

Inspirerar oss att skapa nya berättelser. Att tillfriskna handlar i stora delar om att skapa nya berättelser och de kan sträcka sig både framåt och bakåt. När de sträcker sig bakåt kan det exempelvis handla om att se det som varit med en bättre förståelse, omformulera det eller att sluta definiera sig utifrån det. När vi skriver vår berättelse framåt så finns där vision och potential. Psykedelier hjälper oss att få nya perspektiv på vår situation.

Trauma i energikroppen

Det som lämnar avtryck i vårt sinne lämnar oftast ett snarlikt avtryck i vår kropp. Till en början kan detta innebära att energiflödet någonstans i kroppen begränsas eller helt hindras vilket brukar kallas för en blockering. Om det lämnas så länge kommer det så småningom att uttrycka sig fysiskt som ett sjukdomstillstånd. När vi väljer att inte ta itu med en svår upplevelse lägger vi alltså grunden till att framöver bli sjuka.

Eftersom energiflöden blir särskilt påtagliga på psykedelier så kan de vara fantastiska verktyg för att såväl spåra som att åtgärda blockeringar.

Rädslan för det undermedvetna

– Du förstår inte, Daniel. Om du håller på med sådana substanser så kommer saker från ditt undermedvetna att komma upp. Och du vet aldrig vad som finns där nere.
– Men det är ju precis det jag vill. Jag vill släpa upp varenda rädsla och spöke i ljuset så att jag kan befria mig från dem.

•••

Samhällets rädsla för psykedelier och hallucinationer handlar till stor del om just detta – rädslan för det undermedvetna. Vi är skräckslagna för vad vi tryckt ner och försökt glömma, såväl individuellt som kollektivt. När vi plockar upp det kommer vi inte bara behöva möta alla de trauman som vi utsatts för utan också alla de trauman som vi utsatt andra för, vilket i många fall är en betydligt större utmaning. Den som möter sitt undermedvetna behöver ta ansvar för sina gamla trauman, säga sina förlåt och framöver försöka leva bättre.

Om vi mötte vårt undermedvetna på en kollektiv skala skulle vi behöva ta ansvar för alla de smutsigheter som vi alla vet om men försöker ignorera. Vi skulle behöva rannsaka hur vi behandlar kvinnor, invandrare, barn, fattiga och de som behöver oss allra mest. Vi skulle på allvar behöva möta hur vi behandlar djur, förgiftar jorden, vältrar oss i vapen, våld och övergrepp. Och tusen andra smutsiga hemligheter som vi alla känner till och bidrar till varje dag. Det är väl klart att vårt samhälle är skräckslaget inför blotta tanken att kika i det undermedvetna för aldrig har vi gjort så mycket fel och på en sådan monumental skala som vi gör just nu.

Men den som vill läka och därmed bidra till en bättre värld behöver gå just dit. Fortsatt förträngning kommer inte att lösa vår situation, varken på en individuell eller kollektiv nivå.

Regeneration

När jag med hjälp av LSD vaknade upp ur alkoholismen så kastades jag rakt in i insikten att jag varit djupt deprimerad i många år. Det kändes som att jag varit på väg att drunkna men i sista ögonblicket lyckats komma över vattenytan. Innan jag knappt hunnit ta ett fullt andetag drogs jag emellertid ner igen för att vid nästa session med LSD åter komma upp till ytan för luft.

I tre månader höll jag på så; kämpandes för att få luft igen. Det jag snart insåg var att det höll på att skapas nya kopplingar och tankebanor i min hjärna. När man varit deprimerad så länge så har man hunnit tänka negativt så många gånger att det rent fysiskt bildats negativa tankemotorvägar i hjärnan. Det jag gjorde var att skapa nya stigar som med tiden blev små grusvägar och nya vägar samtidigt som den där negativa motorvägen sakta började växa igen.

Av allt som enteogener gör med oss så tycker jag nog att detta är bland det mest spännande. Enteogener ökar neuroplasticiteten och är neuroregenerativa. De kan för all del hjälpa oss att bryta gamla tankemönster men än mer spännande är att de är kraftfulla hjälpare för att återskapa kopplingar i vår hjärna och även skapa helt nya. Den effekten kan vara hjälpsam för människor med en lång rad bekymmer som påverkar hjärnans funktionalitet, såsom stressrelaterade sjukdomar, depression och demens.

En återspegling

Det inre är en återspegling av det yttre, liksom det yttre är en återspegling av det inre. Samma sak som enteogener kan göra för vår hjärna och för oss som individer kan de göra för samhällskroppen i stort. Vi lever i en tid med kollektiva djupt ingrodda negativa tankemönster. Att vi behöver ta oss ur dem för att världen ska bli en bättre plats torde vara uppenbart för de flesta men det är samtidigt, på samma sätt som för den som är deprimerad, svårt att se hur tankemönstren ska kunna brytas.

Det enteogener kan bidra med är att väcka medkänsla, kärlek och empati inom oss, återupprätta respekten för Moder Jord och de som lever i hennes famn, och hjälpa oss att inse att vi är del av alltet och att alltet är ett. I det skapas nya, friska kopplingar som leder oss bortom förtrycket, egoismen, girigheten, missbruket och rädslan som kommit att definiera vår tid.

Där planteras fröet till framtiden som är min själs längtan.

Naturen lever och talar med oss.
Detta är inte en metafor.
Terence McKenna

KÄLLOR

1. McKenna, Terence. *Food of the Gods*. Rider & co, 1999.

2. Erowid, *Psilocybin, Psilocin, and Magic Mushroom Dosage*
https://www.erowid.org/plants/mushrooms/mushrooms_dose.shtml

3. Erowid, *LSD Dosage*
https://www.erowid.org/chemicals/lsd/lsd_dose.shtml

4. Atharvaveda, bok 11, 6:15

5. Gable, Robert S. *The Toxicity of Recreational Drugs*. American Scientist, vol 94, nr 3, s. 206, 2006.

6. Nutt, David. *Decision making about drugs: time for science to take the lead?* Föredrag på Karolinska institutet, 2013-10-23.
https://youtu.be/mDo09IBVHZw?si=UInmrOkII5zFTqjW

7. Narby, Jeremy. *The Cosmic Serpent – DNA and the Origins of Knowledge*. Phoenix, 1999.

8. Wilby, Daniel. *Naturterapikort*. Lassbo förlag, 2022.

AI har inte använts för att skriva den här boken.

FÖREDRAG
VÄGLEDNING
CEREMONIER
SAMARBETEN

Printed in Poland
by Amazon Fulfillment
Poland Sp. z o.o., Wrocław